O ÊXTASE DAS COISAS

Blucher

O ÊXTASE DAS COISAS

O destino imaterial do mundo real

Walter Trinca

O êxtase das coisas: o destino imaterial do mundo real

Editora Edgard Blücher Ltda.

Publisher Edgard Blücher
Editores Eduardo Blücher e Jonatas Eliakim
Coordenação editorial Andressa Lira
Produção editorial Thaís Pereira
Preparação de texto Alessandra de Proença
Diagramação Guilherme Salvador
Revisão de texto Regiane da Silva Miyashiro
Capa Laércio Flenic
Imagem da capa Lady Hamilton as Circe, George Romney (c.1782)

Blucher

Rua Pedroso Alvarenga, 1245, 4º andar
04531-934 – São Paulo – SP – Brasil
Tel.: 55 11 3078-5366
contato@blucher.com.br
www.blucher.com.br

Segundo o Novo Acordo Ortográfico, conforme 6. ed. do *Vocabulário Ortográfico da Língua Portuguesa*, Academia Brasileira de Letras, julho de 2021.

Dados Internacionais de Catalogação
na Publicação (CIP)
Angélica Ilacqua CRB-8/7057

Trinca, Walter

O êxtase das coisas : o destino imaterial do mundo real / Walter Trinca. – São Paulo : Blucher, 2023.

264 p.

Bibliografia

ISBN 978-65-5506-672-2

1. Psicanálise I. Título

23-4169 CDD 150.195

Índice para catálogo sistemático:
1. Psicanálise

A meu neto Lucas,
com carinho.

Conteúdo

Prólogo

Não é truísmo afirmar que o psicanalista trabalha com a noção de ser e que nela se concentra a maior parte de suas observações. A realidade interior, que se manifesta como ser, constitui o ponto de partida e de chegada de suas atividades. Ele tem muito a dizer sobre suas experiências com o ser, e isso o diferencia daqueles que não têm experiências semelhantes. Não só ele descortina a existência de uma realidade primária em cada pessoa, como acompanha as expressões dessa realidade no mundo. Ele verifica que a realidade interior, definida como ser, oferece condições para tomar situações existentes no mundo exterior como realidade também. Na falta da primeira, a segunda pode se desqualificar. O ser estabelece a organização das relações com o mundo interno e com o mundo externo, ao passo que do caos interior resulta o caos das referências. Quando tudo corre bem, há ordem na mente, sendo possíveis as experiências reais, que convergem para a harmonização. Nas núpcias do ser e do mundo, se o ser se exprime por inteiro, o mundo tende a se revelar como é. A noção de ser, como unidade somatopsíquica que realiza a unificação com o mundo, é simplesmente espantosa.

Em seu universo de sentidos, o psicanalista sabe que, para a organização interna e para a estruturação da mente, uma condição indispensável é que a pessoa tenha experiências de contato consigo. O encontro dos demais, o encontro do mundo, irá se pautar pelas qualidades do encontro de si como ser. O mundo não aparece de chofre com o significado que tem, a não ser que haja primazia do contato, porque este indica que a percepção e a compreensão dos fatos não estão obscurecidas por interferências de outra ordem. O contato da pessoa com seu ser garante que haja facilidades de se lidar com a própria mente. A pessoa pode perceber e decidir sobre o que a acomete, a invade ou a aniquila e, assim, realizar desimpregnações e desobstruções internas. A limpidez e a clareza dos fatos podem vir a se instalar, em vez de ela se afundar nos sombrios abismos do distanciamento de contato consigo mesma. Há possibilidades de superação, ainda que relativa, dos conflitos, comprometimentos e perturbações emocionais. A expansão de consciência permite lidar amplamente com as vicissitudes e os embaraços da mente. A noção de ultrapassagem das distorções do contato com a realidade interna e externa aplica-se perfeitamente, visto que a mente depurada de interferências tem melhores condições de abertura à experiência e ao conhecimento do que existe. Assim, pode-se dizer que há ampliação dos horizontes mentais.

A focalização na experiência de contato passa a ser, portanto, um ponto central, porque indica os estados em que a mente deve estar para a recepção e a compreensão do mundo. Dado que o ser de cada um, cuja natureza é intrinsecamente não sensorial, é constituído de maneira despojada de concretude, o elevado grau de contato com ele vem disponibilizar na mente um espaço aberto, amplo e solto, sendo propiciador de relacionamentos igualmente livres, amplificados e límpidos. Em vez de a mente ser literalmente tomada por contingências sensoriais, passa a haver acolhimento em estado fluido de um mundo o mais isento possível dos excessos sensoriais de toda ordem. A limpidez resultante do contato elevado tende a trazer ao plano da consciência as experiências imateriais. Essas experiências pertencem à dimensão das relações homem-mundo, que se circunscrevem à apreensão imanente, sem qualquer conotação que não seja natural. No estado de sintonia profunda, o mundo real tende a se revelar à intuição, à sensibilidade, à atenção e à percepção de modo completamente diferente daquele que aparece no simples resvalar de superfície.

Então, as formas, as cores, os movimentos, os brilhos e toda a composição das relações com o mundo mostram, em maior ou menor grau, a imaterialidade ali contida, quando ela de fato estiver presente. Para nossa surpresa, alguns aspectos da realidade externa têm semelhanças com os sonhos, certos fenômenos se apresentam com feições estéticas, há forte presença de vida nos seres da natureza, distinguimos chispas da radiância do mundo e, neste, conseguimos sintonizar alargamento, harmonia e transfiguração, além de, em momentos felizes, perceber movimentos em direção à infinitude, à primordialidade e à totalidade. Temos, por vezes, imagens espontâneas de largo alcance, reveladoras de apreensões sensíveis, silenciosamente atemporais, ou deliciosamente sublimes em sua etérea leveza, e assim por diante. Um Universo significativo descortina-se à nossa percepção, mas também à nossa compreensão mais abrangente, que inclui enigmas do assombroso desconhecido que nos envolve. Ainda que seja por breves instantes, o mundo manifesta-se em sua espiritualidade fenomênica, como estupenda e magnífica obra de arte, seja por alguns de seus detalhes, seja na concepção do todo e nos mistérios que encerra.

Chega um momento em que a sensorialidade é transcendida, transformando-se em imaterialidade. Com isso, pode-se dizer que aparece o sublime espírito das coisas. Essa passagem do material ao imaterial constitui uma das mais extraordinárias propriedades que as coisas por vezes conseguem evidenciar. Trata-se, sem dúvida, de um aspecto elevado, que se dá nas culminâncias das sutilezas da matéria, cujas expressões não sensoriais alcançam qualidades substantivas únicas. Nós as encontramos como transformações puras, leves, evanescentes, cintilantes, etéreas, silenciosas, harmoniosas e misteriosas, entre outras. Não estando predominantemente presas, nem submetidas à exclusividade da carga sensorial, o que sobressai das coisas é sua liberdade de existência. Uma existência descompromissada e livre, como as borboletas no ar. Um mundo imaterial e vivo eclode da própria estrutura da matéria, sem alterar suas bases materiais, que muitas vezes se mostram em esplendor. O mundo readquire um novo centro dentro dos fenômenos naturais, propícios à captação humana, que de maneira alguma perdem sua materialidade na nova transfiguração que se processa; mas ao contrário, pois da matéria emerge a significação.

Aqui se coloca o destino imaterial do mundo real. A mobilidade que lhe é constitutiva manifesta-se desde as formas mais simples até as mais complexas. Não deixam de transparecer a graça e a docilidade nos lampejos de beleza e de harmonia, tanto quanto nas mensagens de profundidade e de mistério. Pulsa o admirável coração do mundo em confluências surpreendentes. O êxtase das coisas convida-nos e há na mente uma passagem da opacidade ao encanto. Prima pelo vigor dos fenômenos que superam as forças obscuras e caóticas, tornando-se organizados e harmoniosos. O conflito, a conflagração e a destrutividade fazem pausa, ultrapassados pelo valor mais alto da harmonia. Essa parece ser a lei maior à qual convergem os fenômenos, impelidos por princípios imateriais. Eles deslizam naturalmente em direção a seu destino. Sobretudo na natureza, esplende uma aura onírica de radiância e um inebriante festejar de vida, abrindo-se a insondáveis mistérios. Sendo assim, trata-se de um admirável mundo no mundo!

O que dá sustentação à obra colossal do mundo e da vida do ser? Que palavras teríamos para focalizar o centro da questão?

Nossos símbolos são insuficientes e a precariedade de conceitos coxeia em face da magnificência do todo. Princípio de vida? *Élan vital*? Querer-viver? Alguma coisa se impõe como impulso que se faz existente, permanece e se expande. E esse impulso não é outro senão aquele ligado ao pulsar de vida. Qualquer que seja o prisma, o centro é aura de vida, alegria de existência, liberdade de ser e de viver. Ou seja, a vida mesmo está no centro. É uma simplicidade espantosa e, por isso mesmo, indizível. E sabemos porque está em nós: o ser é vida e o contato com ele é alegria.

Daqui emanam possibilidades de captação da vida organizada, que se sutiliza em imaterialidade. A harmonia interna encontra a harmonia externa porque a natureza tende ao seu melhor desempenho, impelida justamente pelo pulsar de vida. Esta busca o melhor alcance em que fulgura a imaterialidade, que não é outra coisa senão a significação das culminâncias da vida.

"Mentira!", diriam espíritos astutos. "E o mal, a destruição, o horror? Nada existe além de ilusões, enganações e sofrimentos! Este mundo é um espetáculo desolador, um reduto de miséria infinita. Esse é o destino do mundo, e não outro!". Contudo, olhos cegos e corações empedernidos não se abrem ao contato com a ordem maravilhosa e com a complexidade espantosa da construção que se realiza. Somam-se a isso as tentativas bem-sucedidas de superação dos sofrimentos, em todos os sentidos. No *mundo humano*, em especial, é inegável a selvageria, a brutalidade, a crueldade, a sufocação das liberdades, a dominação pelo poder e pelo ganho, assim como o controle, a manipulação e a escravidão das mentes, as injustiças crassas e, enfim, toda a conspiração contra os valores humanos mais profundos. Sem profundidade e penetração, o espírito humano descamba, sufocando-se na sensorialidade mais gritante. A imaterialidade esconde-se em recessos inalcançáveis pela estupidez, pela grosseria e pela violência. No conjunto, porém, isso não nos deve cegar para o predomínio das forças de vida sobre as de morte, nem para a visão amplificada em direção à construtividade. O mundo é composto de infinitas variedades de superação, que põem em evidência a estabilização nascida da turbulência, a organização resultante do conflito e a harmonia vinda por efeito dos processos naturais. Se a destrutividade é um fato inequívoco, a construtividade, ao predominar, tende à melhor forma possível, na qual o êxtase das coisas tem ocasião de se manifestar.

Em toda a natureza existem movimentos de organização, que podem ser apreendidos numa visão global que cinge os significados existentes nos próprios fenômenos, e não acima ou além deles. Eles têm existência independente da consciência que os reconhece. Essa independência é demonstrada pelo desconhecido que, estando nos fenômenos, pode se revelar à nossa incapacidade de conhecer tudo sobre eles, permanecendo sempre algo desconhecido, que não é criado por nós. A significação imaterial é uma invariante que perdura, representando uma posição central, quando nossa consciência expansiva tem condições de distinguir a existência de nosso ser em relação à existência do mundo. A imaterialidade deste, cuja base é harmoniosa, só pode ser descoberta no encontro da harmonia de nosso ser com o ser do mundo. Nesse encontro, nosso ser se realiza como ser, ao mesmo tempo que, ao nos sentirmos vinculados à vida exterior, temos a experiência de integração, na qual o ser é vida, e vida é alegria. Não seria essa uma base para se pensar o querer-viver universal?

O Universo oferece condições para a expansividade do querer-viver em seu percurso rumo à realização das expressões condizentes com a tendência à harmonia. Não se trata, porém, de unilateralismo nem do viés da perfeição, mas do encontro de um lugar em que seja possível perceber ou vislumbrar a imaterialidade. Se, como disse Bergson (1959), a essência das coisas nos escapa, nem por isso devemos abandonar o que está ao nosso alcance, ainda que a realidade emergente seja imprevisível e volátil. Não deixam de ser explorações e descobertas no mundo real. Isso vem a excluir toda necessidade de crenças, ideologias e valores antinaturais, assim como a idealização da beleza, o culto da imaginação e o investimento em ficções consagradas pela educação e pela cultura. O mundo real, em todas suas propriedades, tem mais a oferecer do que reclamam nossos desejos, comprometimentos e idiossincrasias. Por que não estaríamos em condições de intuir, perceber, compreender e aceitar uma realidade mais profunda?

Para isso, praticamente em todos os tempos e lugares, os seres humanos tiveram contato com as fontes de onde surgiram infinitas manifestações. As artes, filosofias, ciências, religiões e outras formas de expressão, cada uma a seu modo, têm representado o fundo imaterial da natureza, da vida e do Universo. Ao ser formulada em linguagem humana, caindo na esfera da simbologia humana, a imaterialidade corre o risco de perder algo de sua pureza original. Por incompreensão ou por compreensão imperfeita, pode ser transformada em nova matriz de sensorialidade e dar origem a visões concretas do mundo. É tarefa de todos, contudo, deixar esse fundo imaterial incólume, situando-o muito além dos conceitos, padrões, sistemas, estruturas e alinhamentos que a mente, por viés ou por hábito, tenta edificar e neles se enredar.

Apesar de tudo, há em curso um formidável apelo ao desenvolvimento do espírito. A psicanálise coloca-se a serviço do conhecimento das leis fundamentais da mente, de modo que, lidando-se com as vicissitudes, os obstáculos e as turbulências, seja possível ampliar a capacidade de integração e, em consequência, de compreensão da realidade como um todo. Estamos no vértice de um longo processo de expansão em prol da consecução de maior consciência a respeito dos problemas da vida e do viver. Este livro apresenta e discute questões que se inserem nos planos das relações do ser humano consigo e com o mundo, tendo implicações estéticas, éticas, sociais, educacionais, filosóficas, científicas e outras.

PARTE I
O sorriso da existência

1. Um mundo vivo

O que há de aparentemente mais comum e trivial não deixa de ser ao mesmo tempo um milagre: a existência da vida. Esse fenômeno colossal e espantoso está em nós, ao nosso derredor e por toda parte, impactando a nossa compreensão. Para isso, faz-se necessário o contato com a vida plena de vibrações. Se bem percebidos, um bosque, um simples galho, as folhas das árvores, as flores, os pássaros são cheios de vida. Um frescor, um perfume, um movimento inefável indicam o fenômeno profundo da vida que, como a totalidade, nos escapa. Buscamos nela os sentidos, enquanto ela brinca saltitante conosco, em sua fugacidade arredia e em sua permanência eterna. Nossa intimidade com ela permite-nos vivê-la e amá-la. Havendo o sentimento de sua presença, ela nos impressiona por seus encantos. Fundamental, portanto, é a vida interior que percebe a presença de vida exterior.

Daqui se segue o florescimento dos seres nos sopros indescritíveis dos movimentos vivos. Por vezes, são movimentos sutis, quase voláteis, como podemos perceber, por exemplo, na árvore recém-coberta de vida nova, na leveza e no deslizamento de suas folhas tenras e macias. Miríades de manifestações flutuantes animam os seres da natureza entumecidos de vida. A propriedade etérea que está neles mostra o grau de fineza alcançado pela mobilidade da vida, que de muitas maneiras exprime alegria. A mobilidade é por vezes tão sofisticada e sublime que jamais teria sido atingida senão por alegria. Faz pensar que vida e alegria são, em essência, uma só e a mesma coisa quando a expressão de vida se realiza em alta mobilidade. Nesse caso, alcança a imaterialidade do fenômeno vivo em sua pujança.

Para nós, o contato com a natureza móvel, volátil e etérea da vida em sua imaterialidade intrínseca é uma porta de entrada para a percepção e o acolhimento da imaterialidade que existe no mundo. Nosso olhar se ergue à contemplação da imaterialidade da vida, que se espalha e viceja sem cessar, de modo indomável e incompreensível, instigando nossa admiração, despertando e animando nosso amor sagrado e profano. A finura da mobilidade imaterial realiza sua obra por fugidia evanescência que, no entanto, é o próprio êxtase das coisas em suas expressões aprimoradas. Importa, pois, apreender a linguagem da natureza, que comunica sua essência íntima. Uma apreensão que independe de nossas formulações prévias. Devemos, se possível, eliminar as próprias conceituações, anteriores às percepções diretas, deixando espaço para a surpresa.

Expressa-se no ser humano e na natureza a vida criadora, tomada em sentido geral. Ela pertence ao todo e tem suas raízes cravadas no todo. A força de vida que está no cosmo está em nós também vinculada à existência. Ela é a vida do nosso ser, por intermédio da qual participamos das raízes universais. No ser de cada indivíduo está o compartilhamento em comum do fenômeno vivo. Cada ser vivo do Universo, ao receber o dom da vida, recebe o que essencialmente necessita, que lhe vem justamente sob a forma de ser, livrando-o da inexistência. Ele passa a ser nicho de gestação e de florescimento de algo universal. O centro do Universo está na vida, sendo esta particularizada na vida do ser, cuja lei geral é o querer-viver. Este não se dissocia daquele e não existe sem aquele, por isso o propósito mais elementar de todo ser vivo é a preservação de sua existência, lutando contra as forças que se lhe opõem. Quando o princípio de vida se utiliza de todos os recursos para vingar e desabrochar, a existência do ser em plenitude tende à alegria.

Isso significa que o querer-viver universal não é essencialmente uma força negativa. Ao contrário, tudo leva a compreender a vida como uma dádiva, como um bem. Ao ser lançado na vida e ao haver-se com o viver, a ligação com ela e a perspectiva do todo fazem diminuir ou cessar a negatividade das oposições. A própria vinculação entre ter vida e sua consciência de ser vivo tende a estabelecer a predominância do ser em sua mobilidade e realização. Daqui, o mundo pode se vivificar, tornando-se para nós o que ele é. Não o estranhamos nem o achamos indiferente quando se revela em seu pulsar. A simples brisa matinal, roçando a superfície das árvores ensolaradas na manhã serena, desperta-nos de nossa letargia. A vida mostra-se esplêndida na mata que acolhe o vento, fazendo frigir as folhas e lançar um leve perfume no ar. Não é essa a razão de a vida se comparar a um sopro? Ela se constitui das condições que encontra, mas, em princípio, "vibra" qual uma sinfonia que, enquanto dura, gera acordes harmoniosos e clama por infinitude. Uma sinfonia que suplanta todo horror, toda destrutividade e toda miséria, fazendo sentir que existir é mais importante que inexistir, e que viver é mais importante que eliminar a vida.

Em seu trabalho clínico, o psicanalista reconhece o valor inestimável da vida, principalmente quando se defronta com a possibilidade de sua extinção. Os sentidos dos fenômenos da vida tendem a transformar-se em criação nos momentos em que o desencanto e a inutilidade das coisas surgem como desafios, afinal, a perturbação pode ser marca de algo que está para se criar. Diante da derrota e do desespero, que frequentemente os pacientes lhe comunicam, resta ao psicanalista a alternativa do encontro profundo de seu ser na experiência de viver. É como se ele tivesse sido preparado pela vida durante milhões de anos, e ela agora se apresenta na fragrância de seus mistérios. Desse modo, dá-se o embate da vida contra a morte. Sendo uma ligação profunda entre o ser humano e o mundo, como força que irradia e constrói, impulsiona e realiza, cria e desenvolve, a vida é por si mesma magnífica, inexprimível, sagrada e infinita.

2. A radiância do mundo

A natureza consegue mostrar-se diretamente à nossa sintonia fina por meio de formas harmoniosas, cores esplendorosas, movimentos graciosos, brilhos cintilantes e tudo quanto possa nos encantar por beleza, graça e vigor. A radiância do mundo está tanto numa simples gota de orvalho, quanto na fantástica magia das esferas celestes. Por tudo podemos encontrar aquilo que nos enleva, pois o mundo se repleta de maravilhas dispersas ou concentradas, próximas ou distantes. Vivemos num mundo chapinhado de surpresas, ainda que sejamos indiferentes ao passar por muitas delas. Saberíamos nos emocionar com o brilho do sol nas flores, a luz do luar refletida nas águas, as formas recurvas dos galhos nos bosques, as combinações inesperadas das plantas nos jardins, a vivacidade arrebatadora das estrelas na madrugada enegrecida? Não precisamos nos esforçar na busca da radiância porque às vezes ela está simplesmente diante de nossos olhos, desafiando a nossa indiferença. Por causa dessa indiferença, passa-nos despercebido um universo de maravilhas cuja graça original nos humanizaria. Por que não seríamos enlevados pela leveza do adejar faiscante de uma borboleta amarela numa tarde límpida, que nos transporta etereamente ao mundo da pureza infantil? Eis aí o sorriso do arco-íris, a fulgurância do crepúsculo, o azul-escuro dos pinheiros ao entardecer, o bando de paturis voando e cantando! Nada se compara ao som da cascata, que derrama suas águas melodiosamente nas reentrâncias da terra. O que somos quando não nos importamos? A atmosfera úmida ou seca, os sons, os sabores, as sensações olfativas e cinestésicas, o conjunto de nossas impressões, que aguçam nossa sensibilidade, dão-nos abertura ao acolhimento da leveza em nosso espaço interno, que se torna levitante de imaterialidade. A ternura do mundo faz sentir que a paz das coisas existe e pode ser alcançada, quando a sutileza e a suavidade estão nelas.

O que se apresenta são propriedades imateriais existentes no próprio mundo. Os canteiros de azaleias-rubis resplandecem como se fossem os únicos seres do Universo. Suas flores concentram uma formidável energia, parecendo espantosamente serenas. A imaterialidade ali contida dispensa todo simulacro, que nos daria somente esboços de formas simplificadas. Para um verdadeiro encontro de nosso ser com essas formas harmônicas, a nossa *détente* interior deve se ajustar à serenidade exterior. A serenidade da contemplação, em atitude de inocência, nunca percebe o mundo repetido, facultando, assim, o desnudamento de um mundo pleno de originalidade. Se a radiância é fugidia, cada momento é irrepetível e fulgurante.

A mente que se desprende de sensorialidade está mais apta à captação da realidade que se manifesta imaterialmente. Disso sempre souberam os espíritos sensíveis de todas as épocas. Eles representaram a radiância do mundo nas artes plásticas, na literatura, na dança e na música, além também da filosofia e de outras formas de comunicação, tratando sobre o impacto de um mundo transformante e que não se detém jamais. Thoreau disse que

> *a colheita mais verdadeira de minha vida diária é qualquer coisa de inatingível e indescritível como as cores das manhãs e das noites; é um pouco da poeira das estrelas, um segmento do arco-íris que eu arrebatei.(Thoreau, s/d, p. 157)*

Esse encontro constitui a matéria-prima da significação e dá sentido espiritual ao relacionamento com o mundo, fazendo deste um lugar imanente de vida. Parece natural o sentimento de o mundo nos pertencer como um objeto qualquer, percebido apenas quando útil ou prático, quando na verdade estamos intimamente relacionados com ele, ou melhor, nós é que pertencemos a ele.

A face radiosa da realidade não se equipara nem tem correspondência com a beleza artificial, cuja aparência enganosa e sem substância só serve para dissipar a angústia. Experimentar a alegria no contato com a natureza difere essencialmente do jogo simbólico e fictício, destinado a escapar da solidão, como apontou Hermann Broch (1982). A beleza criada desse modo natural promete um proveito impudico, que anula o conhecimento e o ato criador, justamente porque retira do ser humano o domínio de si mesmo e o contato com a realidade e com a verdade. Uma arte genuína deve provir do equilíbrio entre o ser e o Universo. Deve representar o contato com a imaterialidade, a partir do contato do artista com seu ser. A beleza, assim, não se dissocia da penetração profunda na realidade, erigindo-se não em sublimação mas em compartilhamento e comunhão. Cada instante de contemplação da beleza constitui um vínculo privilegiado para a construção da humanização.

Não se trata, aqui, de crenças reasseguradoras, mas de assinalamentos à atenção e à experiência. Se a consciência se dilata por meio do vínculo, uma proposta verdadeiramente humanizante só pode propugnar por conhecimento vivencial direto, que cada um deve realizar a seu modo. É um perjúrio passar pela vida cego às maravilhas que a natureza faz germinar em seu cerne. Por ignorância ou desprezo, os seres humanos continuam destruindo a linguagem viva e o alto refinamento que a natureza alcançou em seu desenvolvimento de bilhões de anos. Ela se comunica conosco em beleza, fragrância e majestade, esperando que nossa profundidade tenha sintonia com a sua. Se temos um destino no Universo, estaremos preparados para as sutis nuances da obra colossal, da qual não nos distinguimos na comunhão primordial?

3. O alcance da harmonia

Estamos mais habituados a pensar na desarmonia do que na harmonia. Grandes pensadores viram no Universo uma obra feita de caos, acaso e desarmonia. Contudo, se podemos nos deter na observação e na experiência, a harmonia ressalta aos olhos. Onde a encontramos? Em primeiro lugar, na constatação das leis universais invariáveis e na regularidade incontestável de infinitos fenômenos da natureza. Nesta, os movimentos incessantes e eternos conduzem os processos que vão do caos à ordem e estabelecem estruturas organizadas. Os fenômenos mantêm relações entre si, promovem sínteses e transformações por influências recíprocas, de modo que se encontra um lugar para cada coisa. Além disso, todos os fenômenos formam complexos e uma verdadeira sinfonia das partes em meio ao conjunto do todo. Para isso, caminham no sentido da superação das contradições. Estamos sempre assistindo ao aparecimento da novidade em emergências criativas. Especialmente, a evolução biológica aponta para a criatividade em níveis crescentes de complexidade. Cada ser vivo em particular ressalta a sua inteireza de ser. Enfim, a criatividade sistêmica do Universo pode desembocar na harmonia, embora esta nem sempre se realize por haver forças que a impedem, a negam e a destroem.

Todo fenômeno do Universo que demonstra haver obtido a condição de realização da harmonia passa a oferecer uma admiração e um fascínio que nos instiga a um mergulho em seu refinamento e em sua compreensão. O atingimento da harmonia, especialmente na natureza, traz um apelo íntimo à vivência e à participação na grandeza, na surpresa, no enigma e no mistério que nos envolve. Somos impactados em nossa admiração pela linguagem espantosa de um mundo que se revela harmonioso, tanto em suas grandes linhas estruturais quanto em seus aspectos mais ínfimos. Nossa ciência, nossa arte, nossa literatura e nossa filosofia convergem para a representação de uma realidade ao mesmo tempo estética e imaterial. Uma realidade que dá sentido à nossa relação com o Universo, pelo qual passamos a nutrir gratidão e amor.

Aos gregos da antiguidade clássica não era indiferente a harmonia do cosmo. Este era em princípio ordenado, eterno e perfeito, sendo inspirador de harmonia nas relações do ser humano consigo e nas relações humanas em geral. Para eles, os princípios unificadores da harmonia achavam-se presentes na regularidade das leis cósmicas e, particularmente, nas manifestações dos movimentos celestes, conforme Platão apontou no *Timeu*. A regularidade, o equilíbrio, a simetria e a ordem existiam, também, no chamado "mundo sublunar", ou seja, nos aspectos visíveis e invisíveis da realidade terrestre, submetida às leis naturais. Na esfera terrestre, os seres humanos deveriam se conformar aos desígnios celestes, sob pena de punição em caso de transgressão. O domínio dos princípios harmoniosos, sendo equitativo e justo, era um convite à contemplação e constituía os fundamentos éticos (Papaioannou, 1983). A harmonia que se encontra na arte da Grécia clássica, em especial na escultura e na arquitetura, deve-se sobretudo a esses princípios.

Outra civilização que colocou a harmonia no centro da compreensão e da significação do mundo foi a civilização chinesa clássica. Se no Ocidente alguns sábios, como Copérnico, Newton e Einstein, fizeram da harmonia do Universo uma referência fundamental para as suas teorias, na China clássica essa era uma concepção abrangente, que envolvia não só os letrados, mas a cultura e a sociedade de modo geral. A harmonia era para eles um ordenador central, sendo considerada uma propriedade dos fenômenos naturais e, também, do todo. Na verdade, os chineses do passado não se dissociavam de uma visão sistêmica e integradora do mundo, fossem eles taoístas, confucionistas ou budistas. Foram eles que mais se aproximaram da noção de natureza como força imanente em si mesma harmoniosa. Isso era para eles algo absolutamente natural e espontâneo, existindo independentemente de uma causa externa. A natureza exprimia-se por ritmos ou vibrações vitais, que se davam pelo fluxo espontâneo da ordem harmoniosa. Era alguma coisa bastante sutil, que se espalhava por tudo, movimentando o todo orgânico do Universo e unificando suas partes. Ao sentido rítmico da organicidade da natureza, os chineses deram o nome de *qi*, o sopro. Racionero (1993) disse que, nessa concepção de mundo, conjugavam-se as hierarquias das partes de tudo em influências mútuas nas quais ora um, ora outro componente assumia a liderança. Mas, de modo geral, a harmonia era uma função reguladora por excelência, que mantinha o Universo em ordem e em atividade. Descobrir a manifestação harmoniosa em cada situação e seguir seus passos era a incumbência do sábio e de toda pessoa dotada de sensibilidade. Não se tratava apenas de um sentido ético, e sim de um estilo de vida, que conduzia à tranquilidade interior. Se a ordem natural das coisas fosse seguida, a harmonia interior teria condições de vingar. O ser humano não era visto como separado do todo e, portanto, não deveria agir em desconformidade com essa ordem natural.

Se na Grécia e na China a harmonia chegou a ser um valor supremo e intrínseco, não significa que em outros tempos e lugares ela não tenha sido também salientada. O destaque dado a essas civilizações está em que, nelas, a relevância da harmonia constituiu uma manifestação incondicional e quase pura. E isso remete à constatação de que a descrição da harmonia corresponde à captação do significado imaterial do mundo real.

Não é surpreendente verificar que a natureza, a vida e o Universo encontram soluções harmoniosas para os seus processos? Certamente, no bojo desses processos emergem manifestações estéticas. Se a realidade profunda se revela esteticamente, isso se deve à condição de atingimento da harmonia. Nas imagens profundas que representam a harmonia, surge naturalmente um sentido estético, que corresponde à nossa forma de apreensão, embora a harmonia esteja lá como um dado objetivo, originário de sua própria organização.

Nesse contexto, pode-se indagar qual é o lugar da desarmonia. Qualquer que seja a perspectiva, a desarmonia não está excluída. As forças contrárias à harmonia são extremamente poderosas, atuantes e eficazes, de modo que o Universo, tomado tanto globalmente quanto em suas partes, está repleto de desarmonia. Ou melhor, as dinâmicas destrutivas e construtivas têm funções complementares, que implicam ordem e desordem, organização e caos, harmonia e desarmonia. Essas dinâmicas são, portanto, um resultado bem-sucedido da legalidade das coisas, mas chegar a ela depende de trilhar um caminho em nada trivial. A contradição, o insucesso, a corrupção, a degradação, o desfazimento, o aniquilamento e a morte são condições e fantasmas onipresentes, que rondam a constituição do mundo e têm o poder de dissolver toda perfeição. Fazem parte de um movimento infinito, do qual emerge a harmonia, se as condições o permitirem. Mas sua ocorrência é uma conquista da ordem fenomênica, e nunca se poderia afirmar que irá se manter, ainda que as probabilidades pendam grandemente a seu favor. O que temos dela, então, não são mais do que os sucessos das realizações criativas, que podem durar segundos ou bilhões de anos.

Seja como for, subsiste a harmonia que se descobre nas transformações e na dialética da realidade. A ordem harmoniosa permanece, apesar das dissonâncias e em íntima conexão com elas. A harmonia decorre de suas próprias evoluções, no alcance de suas realizações. Na natureza, cada ser vivo tende a exprimir sua plenitude, da forma mais apropriada possível, a despeito de toda oposição, toda deterioração e toda destruição. No processo infinito das transformações, alguma coisa se equilibra no tempo, dando condições de estabilidade e constância, mesmo que essas sejam relativas, sendo depois consumidas na inexorabilidade das transformações. Aquilo que se instala, porém, como os princípios estabilizadores das leis físicas, pode resultar em harmonia e esplender em culminâncias imateriais. Assim, a obra de construção prossegue incansavelmente, sendo confortador pensar que, no Universo, permanece um superávit de construtividade e, no conjunto, a obra realizada é consequência da superação da destrutividade e do caos.

Se o Universo está sendo construído com infatigável persistência, segundo leis que vão se cumprindo desde o princípio, há uma base e um lastro nessas leis, mediante as quais tudo se dispõe, se ordena e se organiza. Porém, a versatilidade dos elementos que se constituem por acaso tem inegavelmente sua imensa importância. O Universo é uma composição da ordem com o acaso, que concede liberdade dentro da estruturação, criando maleabilidades. Isso define o papel do acaso e o papel da necessidade. Os princípios criativos deixam por conta dos seres particulares o destino de si mesmos, mas estes necessitam obedecer às leis regulares que os fazem existir, manter-se e evoluir. Assim, eles tomam certas direções e não outras, seja como indivíduos, seja como espécies. Essas direções respondem pela liberdade criativa. Mesmo na repetição, é possível haver diferenciação e criação da novidade. Na diversidade, o princípio de vida salva a natureza de ser cega e desprovida de sentido, permitindo-lhe criar incessantemente e dirigir-se à realização da melhor forma possível. O resultado é uma magnífica conjuntura, que chamamos de realidade.

Então, é incontestável que opera no Universo a tendência à organização. São leis e princípios que trabalham para vencer as forças contrárias da inércia, da destruição e do caos, estando a serviço das aspirações da vida. Assim, o todo caminha não para o nada, mas para a existência, traduzindo-se na ordem suntuosa dos fenômenos inorgânicos, orgânicos e psíquicos. Em consequência, a harmonia tende a se instalar nas culminâncias da organização que se realiza. As condições existentes em cada situação determinam formas particulares de organização e, por conseguinte, de harmonia. A organização e a síntese harmoniosa parecem ser a resposta encontrada pelo Universo para manifestar um alto grau de desempenho em seus processos.

Nesses processos, há forças concorrendo para o alcance da melhor forma possível. Isso significa não apenas satisfazer a boa forma, como atingir culminâncias de realização se determinadas condições forem preenchidas para cada caso. Se cada parte depende da organização do todo – sendo esse um princípio gestáltico –, a ordem é conduzida por leis naturais de organização do campo. Tomando-se por base e estendendo-se à aplicação da lei gestáltica de *prägnanz*, apresentada por Wertheimer, é possível conceber a harmonia como forma característica que a organização alcança em face das melhores condições reinantes possíveis.

Se há superação, ainda que momentânea, das forças caóticas e destrutivas, em favor das forças propulsoras da criação e da organização – sob a tendência de máxima redução das desarmonias –, é nos seres vivos em geral que se descortinam com maior clareza as tentativas da natureza de eliminar as dissonâncias, em vista da obtenção da melhor forma possível. Nos seres vivos, confundem-se numa unidade vida e ser. Embora a vida seja dada em princípio, ela se organiza e se mantém como ser na luta contra os "fenômenos inferiores" que a negam, a obstruem e a eliminam, para empregar uma expressão de Schopenhauer. O que é organizado e mantido, porém, não constitui ordem diferente da ordem do ser.

Há leis que sustentam a realização do ser como tal e impulsionam suas aspirações em direção à realização do que ele é.[1] Contra a desorganização do ser, a natureza oferece condições exteriores e interiores de superação das faltas, carências e vicissitudes em prol da realização da inteireza do ser, vencendo, mesmo que em parte, a incompletude. Isso porque o ser traz intrinsecamente a necessidade de completude. A aspiração do ser, que é aspiração à realização da melhor forma possível, corresponde à obtenção da ordem interna, à discriminação do ser ante o não ser, à integração das partes no conjunto e à expressão mais apropriada da vida. Isso significa que a natureza, na invenção da vida, cria sistemas básicos de organização centralizados na vida do ser e, desde esse fator central, é possível manter, coordenar e sintetizar as aspirações, algo fundamental para a existência individual e da espécie.

Alcançar a realização do ser em inteireza corresponde a atingir a plenitude do ser. Se a harmonia consiste na realização do que ele intrinsecamente é, quando isso acontece, o que comumente se encontra é a reunião das forças e componentes por meio de coesão, consonância das partes, regularização dos contrastes, síntese dos opostos, unificação no todo e expressão plena da vida. Para nossa surpresa, ao mergulharmos na sua apreensão, deparamo-nos com a fulgurância irradiada pela harmonia. O ser em plena manifestação é harmonioso em si mesmo. Nós o encontramos não pela *ideia*, no sentido platônico, mas pela exuberância criativa.

Desse modo, surge a imaterialidade como energia livre que recende das coisas. Em suas reentrâncias, o mundo concentra formas

1 O termo aspiração é empregado no sentido que tem para Morin (2017).

puras de existência, revelando-se à percepção e à compreensão humanas. Não se trata da beleza aparente na superfície das coisas, e sim de sua significação profunda e imaterial. Com base nisso, podemos melhor interpretar o que disse, no século V a. C., Heráclito de Éfeso (1964, p. 77): "A harmonia invisível tem mais valor do que a visível". Em sua visibilidade sensorial, a beleza aparente não se compara em valor com a harmonia não sensorial, cujo significado é imaterial.

4. A transfiguração da natureza

Se a beleza do fenômeno vivo contém harmonia, esta converge a um nível mais elevado de realização, ao se constituir em transfiguração. Não raramente a natureza se mostra transfigurada a nossos olhos, em geral por lampejos de transformações sutis em beleza e encantamento. De suas cintilações, eclodem aspectos inefáveis de fulgurância e esplendor. Somos conduzidos à espontaneidade fluida da natureza, que passa a ter, em certos lugares e em determinados momentos, uma aura reluzente, manifesta diretamente nos fenômenos. Parece que, nessas manifestações, tocamos a existência de um mundo virginal, embora sejam vibrações de coisas aparentemente comuns, como o brilho das flores ao sol, as cores flamejantes das manhãs e das tardes, o céu e as nuvens em um dia claro, os movimentos graciosos dos animais selvagens, o rio que corre silencioso, a cascatinha melodiosa e os pássaros com seu pipiar vívido. Contemplamos o desnudamento quase inatingível de infinitos fenômenos da natureza em transparências preternaturais. A surpresa atinge-nos no deslocamento do olhar para a existência esplendorosa de um mundo que se faz notar por si mesmo em estado de graça.

São confluências de uma realidade que se faz prodigiosa, de tal modo que, por vezes, sequer acreditamos em sua existência, parecendo irreal. Na verdade, trata-se da fisionomia mais profunda do mundo e, por isso mesmo, "mais real". Comunica a sua visibilidade em plena delicadeza e refinamento, em confluências reveladoras de um encanto soberano, de que devemos nos conscientizar. Não temos, em momentos inesquecíveis, consciência dessas chispas de beleza imaterial que, cintilando, refletem a eternidade no instante passageiro? Não vemos os fios de ouro dos fenômenos translúcidos da natureza? Não nos perpassam o fulgor de uma silenciosa rosa purpúrea e o brilho de uma tarde celestial?

A transfiguração é um dado inconfundível de nossa recepção da imaterialidade, que faz parte do mundo, e aponta o centro para o qual ela converge quando atinge suas formas aprimoradas. Ao transparecer, deixa no ar a penetração de uma doce aragem, de uma fragrância que acalma e liga-nos a um universo original, onde há lenitivo para a dor e a morte.

A representação desse fundo estetizante da natureza não é apanágio exclusivo de poetas e artistas talentosos, nem isenta o ser humano comum de abrir o coração e a mente ao acolhimento das beatitudes da existência terrena. A função essencial da poesia, da pintura e da música não exclui o descortínio da realidade fulgurante em que habitamos e inclui o convite à participação nos milagres que nos envolvem. O apelo à imaterialidade vem de muito longe, e já estava estampado nas pinturas das cavernas pré-históricas. Grandes poetas, como Wordsworth, conseguiram dizê-lo em uma linguagem que nos ressoa familiar:

> *Eis que o sol sobre o monte declina;*
> *Um brilho vital e clemente*
> *Esparziu pela verde campina*
> *Todo o ouro sem par do poente. (Wordsworth, 1988, p. 27)*

Não se trata de floreios de linguagem, e sim da leveza espiritual da natureza, que por si mesma se dispõe a revelar sua transfiguração. A natureza encontra meios de ofertar o que lhe é intrínseco nas culminâncias de suas objetivações. Se sugere a transcendência, não vai além da imanência, que se imaterializa ao construir uma obra sublime. Nesse caso, toda a energia do Universo se aplica à obtenção da melhor forma possível, dirigindo-se às sutilezas da imaterialidade.

Por vezes, os caminhos em direção à boa forma levam ao esplendor. Nas culminâncias dos princípios estruturais da natureza, alguma coisa ultrapassa a materialidade da estrutura ao emergir com uma nova forma não estrutural. A natureza dirige-se à realização daquilo que ela contém em seu bojo, sem deixar de a isso se aplicar. Na realização, revela a condição alcançada pelo fenômeno em seu desabrochar. A firmeza das condições estruturais permite uma evolução, mas, paradoxalmente, a emergência não estrutural depende da mobilidade facilitada pela própria estrutura ao abrir as portas à fluidez, à sutileza e ao aprimoramento. Importante, sem dúvida, é a faísca que emerge do suporte propiciado pela estrutura. Se a rigidez desta for impedimento à evolução, o fenômeno estratifica-se em condições puramente materiais. Na evolução, a complexidade exige que haja princípios imateriais contidos em sua materialidade; em especial, a mobilidade espantosa que se encontra no fenômeno vivo. Neste, é preciso que haja a realização como ser.

Nos organismos vivos, a maleabilidade e a plasticidade dizem respeito às propriedades da existência de um ser. Neles, o ser constitui o centro estrutural e organizador que, ao mesmo tempo, se expressa flexível e movelmente. O ser vivo não é fundamentalmente aprisionado à sua estrutura. Sua dinâmica interna, sendo não sensorial, é capaz de variabilidade comportamental imensa, que se coloca além das necessidades de adaptação e de sobrevivência. Na mobilidade de seus processos, esse ser poderá atingir culminâncias imateriais.

Se à espécie humana é dado um ser, a mesma afirmação da natureza está presente em cada organismo vivo, sendo a vida do ser uma força motriz na evolução das espécies. Já vimos que, por causa do ser, em cada indivíduo vivo há a propensão a realizar-se da melhor forma possível, de acordo com as condições que lhe são oferecidas. Isso se aplica igualmente às espécies. Se há um ser como núcleo central, a evolução não se faz às cegas, mas direcionada pelo encontro das condições ambientais com as condições internas, nas quais habita esse ser. Daqui se torna possível impulsionar, coordenar e sintetizar a aspiração (Morin, 2017), um fator distintivo na existência do indivíduo e da espécie. Contudo, a aspiração só se torna possível mediante a mobilidade plástica dada pelo próprio ser. Ao utilizar o ambiente externo e interno, o potencial genético, a experiência de vida e a expressão do ser, cada organismo vivo faz o melhor possível para o atendimento das necessidades de adaptação e sobrevivência, mas também de realização do ser, em conexão com o que a vida disponibiliza. O móvel é a busca e o encontro de um estado de equilíbrio, em que possam diminuir ou cessar os conflitos, as turbulências e os sofrimentos, elevando-se os níveis de desfrute do ato de viver, implicados no próprio fato da vida do ser. A natureza viva por inteiro parece voltar-se à obtenção de estados harmoniosos justamente na realização das culminâncias de bem-estar e completude, algo que os organismos necessitam e a que propendem naturalmente. Na base, porém, está a necessidade de consonância com o ser, em que possam se efetivar as realizações possíveis.

A transfiguração não é um epifenômeno, é o destino da plenitude de realização do ser, que por vezes acontece. E quando acontece, o ser esplende em vigor, harmonia e magnificência. Se, nos seres vivos, a natureza consegue, ainda que raramente, atingir o alvo a que aspira, significa que, desde o início do movimento, há necessidade de completude. Nesse percurso, desdobram-se posições variadas de acordo com as disposições requeridas, sempre, porém, segundo o desenvolvimento de um processo que caminha para o desabrochar da plena expressão do ser, alguma coisa que *in germine* está nele. Havendo um fator central unificado como o ser, ele tende à configuração mais completa possível e, ao alcançar suas culminâncias, reflete-se como imaterialidade. Da harmonia pode emergir a sublimidade da transfiguração.

5. As cintilâncias da infinitude

Quando se eleva ao ponto de ser uma expressividade tão sutil, sublime e extática que a linguagem humana não dá conta de abarcá-la, a transfiguração transforma-se em infinitude. Da transfiguração à infinitude não há nada mais que um passo adiante. Na primeira, temos o universo da graça conquistada; na segunda, da graça inatingível. E desta última só temos vislumbres. A apreensão volta-se ao objeto inalcançável que, todavia, não cessa de existir. Ele se dirige à apreensão, sem nunca cessar e sem nunca deixar de cessar. Assim parece ser, por exemplo, o voo leve e desvanecente de um pássaro nos abismos da montanha: ele desaparece no infinito, desfazendo-se sem cessar na amplidão, que o mantém eternamente.

A estética do infinito leva-nos a sentir que vivemos numa clareira rodeada de mundos sem fim, inesgotáveis em seu devir, em sua amplitude e em sua invisibilidade. Algo longínquo e indecifrável, como o fundo dos tempos, o fundo da vida e o fundo do Universo. Evoca as qualidades da beleza, mas não só. Pelo inusitado, atinge o espaço do espanto. Muito além da beleza terrena, o simples pipilar de um pássaro soa-nos como algo longevo e expande-se de modo "líquido", fugindo de nós, até desaparecer na amplidão colorida da tarde amena. Eis que a estética do infinito se impõe de chofre sobre nós.

Naquele singular voo de pássaro que desaparece nos abismos montanhosos há algo que, não se acabando, permanece como sugestão de infinitude. Uma infinitude que, contudo, não vai além de um sopro ou de um perfume. Ela existe sem se materializar concretamente, pertencendo à região ignota e indeterminada dos fatos que perduram indefinidamente em estado de suspensão.

De forma semelhante, a borboleta amarela adeja livre de barreiras espaço-temporais, isenta de determinações sensoriais. Mostra na leveza aérea seu desaparecimento como objeto concreto, ressurgindo em cintilâncias de infinitude. Graciosidade e delicadeza inauditas elevam-se às culminâncias imateriais. Assim também a fisionomia humana, quando a alma deixa transparecer a beleza celestial. Converte-se na finura de expressão que ultrapassa o simples jogo das emoções, a fim de adquirir uma propriedade etérea. Nenhuma manifestação sensorial se confunde com ela. Transpondo gestos e movimentos naturais, ganha translucidez e esplendor que provocam silêncio. Desse modo, alcança a infinitude. O que é humano passa a ter um encanto que refulge, uma glória que resplandece e uma luz de infinitude.

Como pôr o infinito em escala finita? Só podemos ter vislumbres de infinitude. O que se apresenta são aproximações à sua linguagem, flutuando nos possíveis da captação humana. Temos de esperar que se manifestem, não em qualquer situação, nem a qualquer momento. A infinitude é sempre suscitada, evocada e representada em aproximações vagas e indistintas. Sua natureza invulgar se faz refletir em convergências fugazes e arredias, em confluências imateriais inesperadas.

Na cultura clássica chinesa, o infinito chegou a se constituir em representação privilegiada, na esteira dos escritos de Chuang Tse (1959), para quem era impossível a finitude sem a infinitude: somos mortais que sonhamos não com a imortalidade, mas com uma finitude impossível. Embora essa seja uma questão taoísta, não se trata da espera de outro mundo, mas de contato com o mundo em que vivemos. Sem dúvida, indica a harmonização com o *qi*, a vibração e o sopro inefável que emanam como imaterialidade, desde a infinitude. A representação órgica, similar à representação presente na pintura chinesa da época Song, por exemplo, associa a infinitude ao "espírito" que procede dos ritmos da natureza. Uma forma de emanação que, sem perder substância terrena, recoloca o ser humano em seu lugar, harmonizando a finitude com a infinitude. Nessa pintura, as manifestações da natureza, como as árvores, as montanhas, os rios e o mar, são postas em relação com amplos horizontes, com as brumas ou com o luar, não só para o deleite estético, senão para a exalação da infinitude. Esta não era um conceito abstrato, mas um projeto vivencial do letrado chinês de comunicar uma experiência – menos de cunho místico e mais relacional e estética – com o próprio Universo.

Essa atitude experiencial encontra paralelo em infindáveis manifestações do espírito humano ao longo dos séculos e dos milênios. A natureza, se bem percebida, parece estar pronta ao convite para um pacto, no qual nos elevamos das contingências terrenas para o alcance da espiritualidade fenomênica. Pondo-nos em uníssono com a natureza, poderemos decifrar as reverberações do infinito no céu, no fundo das brenhas, nos movimentos esguios das plantas, nas cores e luminosidades das paisagens, nos vastos horizontes, nos amplos espaços abertos e em tudo o que evoca um *effacement* com sentido de eternidade, conquanto se dê aqui e agora.

Um horizonte de paz e silêncio, que se estende ilimitadamente, faz-nos sentir à beira do infinito, pelo contato com algo simultaneamente próximo e distante, presente e ausente, visível e invisível. O mesmo se pode dizer de uma luz solar que banha a terra *sub specie aeternitatis*, sob o olhar da eternidade. Sem deixar de pertencer ao mundo real, comunica-se conosco e nos humaniza. Fonte de criação, a infinitude faz ressoar pelos cantos do mundo sua música maravilhosa, transmitindo a essência imaterial que nos chega de forma suprema, como que refletida pela luz de um cintilante vitral.

6. A totalidade da existência

Aqui, como alhures, trata-se não da coisa em si, da realidade última, mas dos fenômenos naturais, mesmo que a estes se possa denominar totalidade ou, mais precisamente, totalidade cósmica. Ela significa menos um conhecimento da globalidade do que uma atitude mental, na qual os aspectos particulares da realidade são concebidos como pertencentes a um conjunto que, no entanto, permanece indeterminado. A visão do todo, assim, constitui-se em método, no qual cada fenômeno, embora concebido isoladamente, conecta-se à intuição do todo e, também, aos princípios e leis universais. Para alguns, a compreensão da totalidade é um convite e um ideal, enquanto para outros é um horizonte e um norte, mesmo que inalcançável. Cingir a compreensão dos significados da realidade fenomênica a um golpe totalizador, que abarque a ordem do todo universal, sempre foi um ideal acalentado pela cultura humana. Em especial, com relação à dimensão cósmica da natureza, considerada como unidade em sua diversidade.

Compreender o todo tem sido sempre uma tarefa incansável da filosofia e da religião, para a amplificação da visão de mundo.

A sintonia com a amplitude e a abrangência do cosmo procura descortinar um horizonte de possibilidades infinitas e de inspiração em todos os domínios, especialmente na literatura, na música e nas outras artes. Na ciência, o maior esforço não se concentra somente nas práticas operacionais e instrumentais, mas sim na significação do todo, a partir do conhecimento de cada parte. Hoje, as especializações científicas buscam conexões e inter-relações que tornem possível uma aproximação à visão integrada do todo. Em interdisciplinaridade e transdisciplinaridade, as descobertas científicas ajudam a compor um panorama globalístico do Universo. Isso vem relativizar o papel do pensamento fragmentário e diminuir a importância das concepções meramente deterministas, pragmatistas, mecanicistas, funcionalistas e racionalistas.

Um grau maior de consciência universalizante é atingido quando o pensamento consegue relacionar cada aspecto ao todo, em sínteses englobadoras, ainda que estas sejam sempre relativas e incompletas. O que as salva, porém, é o fato de que, embora as medidas humanas sejam parciais, a totalidade existe em si mesma, tal como por vezes se apresenta à intuição e à observação. A abrangência de visão consiste nas possibilidades de compreensão de um processo total, que dê sentido às partes, mesmo sendo contraditórias, como a construtividade e a destrutividade, a harmonia e a desarmonia, a organização e o caos. As contradições, as inconsistências e os conflitos podem ser compreendidos como movimentos do todo, em sua continuidade de existência.

As experiências, as reflexões e os entendimentos a respeito da totalidade vêm ampliar a órbita de nossa inserção na ordem das coisas. Podemos nos pôr em vinculação e comunhão com o Universo que nos acolhe, estando menos condicionados à visão estreita das contingências situacionais e momentâneas. Ao sentir que fazemos parte do todo, somos menos vulneráveis aos efeitos da sensorialidade imediatista que se apossa da mente, limitando os nossos horizontes.

Nosso ser descobre suas raízes universais e, desse modo, participa de dimensões alargadas, imateriais. Compartilha da profundidade do mundo não por simples identificação cósmica, senão por relações abrangentes com situações e objetos em si mesmos ampliados. A penetração na realidade imaterial faz dilatar a consciência da profundidade da existência e de tudo o que esta contém.

Importa, pois, considerar o próprio ato da existência como tal, o próprio fato da existência de tudo no Universo como presença real e efetiva. Este é fonte permanente e continente de existência em movimento perpétuo. Se a totalidade física é impressionante e magnificente, mais ainda o é a significação da existência. Como princípio, ela está em todos os seres, mas se encontra em níveis elevados na existência dos seres vivos. Caso se considere o princípio de existência, o todo está presente em cada parte. A significação do existir em cada parte expressa a significação da existência do todo na existência particular. A vida do todo, particularizada na vida de cada ser, faz deste um ser uníssono com o todo. Como existentes, somos a vida do Universo, contendo em nós aquilo que o faz existir. Somos unidos a ele, em sua totalidade e em suas partes, de tal modo que um mergulho na significação de cada ser constitui um mergulho na significação universal. Ou seja, esta se apresenta na significação da existência individual. Então, há um caráter profundo, enigmático e maravilhoso em cada existência, porque nela está contida a significação do todo. Ao apreendermos essa linguagem, compreendemos melhor o que nos é dado como existência. Assim também compreendemos a importância de cada ser, porque nele há um princípio que está em nós, ou por extensão, no todo. Somos a vida do todo, assim como cada ser. Talvez por isso temos por vezes o sentimento oceânico, de que falava Romain Rolland, em que nos tornamos unificados com o todo.

A totalidade permanece aberta a emergências. Em nossa vida passageira, sentimos ser possível estabelecer ligações com o que é constante, imorredouro e eterno. Uma música provinda do fundo dos tempos convida-nos ao acolhimento das múltiplas possibilidades da existência. Sabemos que cada acorde compõe o todo da melodia. Por isso, não é a separação mas a união que dá significação à existência. O todo está em cada parte, e esta, ao se manifestar como ser, faz deste um centro capital, em que se dá a significação. Em cada um de nós está contido um substrato que pode contribuir para a compreensão da unidade harmoniosa do mundo e para as nossas relações com a vida.

7. O assombroso desconhecido

Vem de Krishnamurti (1959) a expressão "assombroso desconhecido" para indicar que a realidade visível conecta a sua existência com a invisibilidade, o enigma e o mistério. O mundo lança suas raízes em um fundo abismal e o que transparece como existência é a epifania do mistério. Um fluxo abissal percorre a existência dos seres, que se tornam para nós desconhecidos e mergulhados em perplexidade e assombro. Vivemos às bordas da insondabilidade e nos damos conta do quanto é obscuro e enigmático o mundo em que vivemos. O invisível é maior do que o visível e, portanto, o que aparece é apenas uma porção do todo em face do desconhecido que está em toda parte. Existimos numa clareira rodeada de mistérios, conquanto recebamos vibrações, sopros e ressonâncias que estimulam nossas indagações e compreensões. Na clareira, frente à obscuridade, há uma luminosidade diurna que faz cintilar o mundo visível em seu vir a ser existencial. Contudo, o mistério estende-se por tudo, estando presente até nas coisas conhecidas. Os enigmas incrustrados na fisionomia profunda da realidade constituem desafios permanentes à ciência e à filosofia, que buscam decifrá-los naquilo que eles dizem turvamente e naquilo que escondem sem dizer.

O enraizamento na profundidade da existência comporta o imensurável, o incompreensível e o inesgotável. A linguagem da natureza, que por vezes captamos poeticamente, não se sustenta somente na beleza, sendo expressão de um devir transformante. Nosso assombro está nas evoluções do mundo, que continua a ser criado em fluxo eterno. Matéria, energia e vida levam-nos a prestar reverência aos desconcertantes segredos que estão na base do assombroso desconhecido. Somos feitos, porém, da mesma argamassa que o Universo: nossas origens e finalidades são tão obscuras quanto de todos os seres da natureza. São *mirabilia*, coisas maravilhosas, não no sentido de eventos espetaculares, mas daqueles que não se cansam de se manifestar cotidianamente.

A ciência, com sua dose de autoconfiança, está a nos dizer que o desconhecido não equivale ao incognoscível. De fato, devemos nos esforçar por compreender muito além da visibilidade, da concretude e da banalidade. O conhecimento dos princípios e leis do Universo tem situado e ajudado o ser humano perante o seu destino. Contudo, devemos reconhecer o fundo de mistério que envolve o próprio destino, e que "os pressupostos de todas as explicações seriam inexplicáveis", como afirmou Morin (2017, p. 25). Sem falta de objetividade, Einstein (1981, p. 12) disse que "o mistério da vida me causa a mais forte emoção . . . e quem não o experimenta pode se considerar morto-vivo".

Assim, o caudaloso rio de nossa vida promana de fontes inesgotáveis em fluxo permanente. A inesgotabilidade, sendo também o devir, emana do próprio desconhecido, algo que sempre se renova. Tudo ocorre de modo que se renove e permaneça. Paradoxalmente, a permanência depende da renovação. O que permanece renovado é a inesgotabilidade da criação, que não cessa de se fazer, se desfazer e se refazer infinita e eternamente. Ela gera um caleidoscópio inexaurível de manifestações abertas a novas significações, como nos sonhos humanos. A criação que se renova luta contra a destruição, seguindo as leis universais da organização. Parece que o mundo sonha e, em seu sonho, alegra-se e maravilha-se de si mesmo.

Bachelard (1986, p. 161) perguntou: "mas o ser do mundo sonha?" Sim, das profundezas da criação o mundo envia ecos de sua incessante metamorfose. A realidade visível é o sonho que um *rêveur*, um sonhador, encontra no mundo. Desde que nos desfaçamos de estruturas mentais carcomidas e mortas, seremos capazes de nos abrir à profundidade desse encontro. Dos sonhos do mundo recebemos imagens esplendorosas. A linguagem da natureza é o que melhor exprime a eflorescência do imenso reservatório de sonhos que o mundo contém. Encontramos um Universo realmente vivo, expressivo, dinâmico, vibrante e esfuziante, em seus movimentos, formas e matizes imateriais. Desse modo, penetramos o infinito jogo da vida, que ecoa desde um fundo primordial. Daqui nos alimentam espiritualmente o bosque, a seara, o manancial, os animais silvestres, as nuvens, a imensidão do céu, a luz meridiana, a beleza e a harmonia do todo e de suas partes.

Tornar visível o invisível constitui uma necessidade científica, mas também estética. Mesmo a apreensão parcial e vaga do que é em si inabarcável e inaprisionável traz à tona algo que participa das fontes copiosas, de que fala Nietzsche no Zaratustra (1985). Disso provém o nosso entusiasmo pelo desconhecido, que contém promessas de surpresas nas revelações de seu fundo estetizante. O que pesponta é uma nesga do deslumbramento de sua existência original. Sombras fugidias fazem contraponto com a clareira em que nos postamos, mas são ressonâncias longínquas que dão sentido e vigor a nossas vidas, pelo caráter benéfico e apaziguador da beleza imaterializada. Cada acontecimento mergulha suas raízes na primordialidade, que lhe dá luzes e sombras, ao remetê-lo às noites dos tempos.

O que se apresenta, sabemos, é a epifania do mistério que recobre o mundo. *A visibilidade é transfigurada pela invisibilidade no próprio ato da criação*, sem nada perder de seu enigmático transfundo e de sua pertinência à polissemia da transformação. A visibilidade reflete os murmúrios das entranhas do mundo, por isso nela ressoa uma música longínqua, que todo artista de talento costuma reconhecer. No plano da realidade há algo inescrutável que nos esmaga, mas também nos indica a assombrosa existência, a tomada de forma na qual o mundo continua a ser feito.

Deveríamos temer o desconhecido? Penso que sim e não, na dependência de nossas relações com o conhecido. Com base no conhecido, formamos ideias a respeito do desconhecido, sendo a invisibilidade sugerida pela visibilidade. Nossos horizontes de invisibilidade não se dissociam das noções que temos sobre a realidade, assim como nossas noções de realidade não se dissociam das fantasias e angústias sobre a invisibilidade. O que está em jogo no medo ao desconhecido são os graus de nossa falibilidade e os limites de nossa compreensão. Há perigos e catástrofes reais, potenciais e imaginários, que podem ser tanto maiores quanto mais imperfeitamente os conhecemos. "O que o homem sabe não é para se comparar com o que ele não sabe", afirmou Chuang Tse (1959, p. 122), colocando nossas noções de realidade no âmbito de nossa ignorância.

Contudo, é inevitável que nos situemos no conhecido para uma abertura ao desconhecido. Se há predominância de ordem nas leis da criação, nada assegura que a desordem e o caos as substituirão, em condições semelhantes. Por conta da estabilidade dos princípios de existência do Universo, nada leva a acreditar em sua extinção ou em seu caos iminente. Se o que se torna existência é uma força construtiva, não há porque excluir do desconhecido o potencial de ordem e estabilidade. Se, naquilo que conhecemos, o Universo segue princípios de organização, não há razão para desconsiderarmos a validade desses princípios para o que não conhecemos. Há relatividade nisso, mas, ainda que encontremos pela frente desgraças e aflições, elas não serão infinitas. Sabemos que o mundo tende a se resolver pela prevalência da construtividade, por isso ele subsiste. Sua base não é a criação antes que a inexistência? Sob alicerces no conhecido, o desconhecido não é propriamente um outro mundo, totalmente aterrador.

Não significa, porém, inexistência da imprevisibilidade, porque o acaso tem também a sua cota. Além disso, teremos pela frente, neste livro, uma extensa discussão sobre o papel desempenhado pela destrutividade. Apesar de tudo, ao mesmo tempo em que abriga a transformação, o assombroso desconhecido não elimina o equilíbrio nem a harmonia. Estas são esferas da organização, da ordem e das culminâncias da melhor forma que for possível alcançar sob determinadas condições. A realidade existe por conta desse destino. Nela, não estão subtraídas a profundidade nem a sublimidade. Tampouco a atemporalidade na qual estamos envoltos.

A realidade tem a oferecer a existência dos seres como um dado primário e um dom gratuito. Nisso, o mundo transparece em bondade e alegria. Não se trata, portanto, de tomar o desconhecido com temor e angústia, senão vislumbrá-lo como um horizonte de possibilidades de expansão. Sendo extraordinariamente vasto, fecundo e criador, o mundo real é um continente de vida, um reservatório de evolução interminável e, especialmente, um desdobramento infinito de condições para a existência dos seres. São condições que nutrem a vida humana de significação e de amor. Estaremos abertos a esse Universo obscuro e longínquo e a nos ligarmos a ele, deixando penetrar os seus sussurros, mesmo que nossa compreensão deficiente anteveja apenas lapsos e fragmentos?

Parte II
O espantoso pulsar de vida

8. O ser do ser vivo

Como vimos, o milagre da existência em geral reflete-se na eflorescência de cada ser vivo. Neste, repercute individualmente o princípio universal de vida, concentrando num foco particular e único a expressão do pulsar que se espalha por toda parte. O espantoso e impactante ser vivo apresenta-se, justamente, como ser. Na vida do ser está contido um substrato irredutível, constituindo uma das coisas mais extraordinárias do Universo. No esplendor do ser vivo – provindo do próprio fato de sua existência – acha-se o alfa e o ômega da compreensão dos fundamentos da vida e a razao pela qual ela foi feita. A natureza esmera-se na constituição do ser vivo, sem o qual ela não alcançaria jamais a consciência de si. O encontro do ser com o mundo necessita de vivificação por presença de vida. O ser vivo encontra-se, pois, na condição primária de dar sentido ao mundo, tendo a vida como realização suprema, em vez do nada ou das sombras do inanimado. Se a significação do mundo se nutre primariamente da vida do ser, o ser do ser vivo coloca-se no centro da majestade do mundo.

Desse modo, erige-se a compreensão fundamentada na importância do ser vivo: uma fagulha expansiva no mundo, que justifica a esse ser a razão de sua existência. A realidade elementar da vida vem ocupar um lugar ontológico central. A centelha de vida que provavelmente se dissemina pelo Universo inteiro pode se tornar constitutiva do núcleo de uma visão do todo. Certamente, já se mostrou possível a construção de uma ontologia em que o ser vivo aparece como componente principal na significação da existência dos seres em geral, guindando-se a vida à condição suprema na ordem das coisas.

Ancorado em seu próprio ser, cada indivíduo se faz presente como existência. Onde há vida no indivíduo, há ser. Está explícito que se trata do ser vivo. Os organismos vivos que se auto-organizam têm, em cada unidade irredutível, um ser que responde por sua organização. Ou seja, um princípio primordial estabelece que todo organismo vivo, capaz de autonomia da auto-organização, tem um ser. A existência desse ser particulariza-se, em cada espécie, pela especificidade e pela unicidade de cada indivíduo. Se há funções características das espécies, há funções próprias a cada indivíduo pertencente a cada espécie. Assim, o ser vivo ocupa *um lugar central* na ordem das coisas, tanto como indivíduo quanto como espécie. Se no organismo vivo ser e vida estão unificados, em toda parte em que há vida no indivíduo encontra-se o *centro*, que é o centro do ser (com as características fundamentais do ser vivente). Partindo de um princípio básico, a vida desenvolve-se, espalha-se e diversifica-se. Ao se pensar no conjunto dos organismos vivos, centralizando-o no ser, da multiplicidade existente pode-se extrair a unidade da presença do ser, sendo cada um sustentado pelo princípio básico de vida, que é a vida do ser.

Seria pleonasmo se a noção de ser não fosse intrínseca e se confundisse com a noção genérica de ser vivo. A base intrínseca, porém, não vem de fora, visto que é de sua natureza, ao conter vida, individualizar-se em plena autonomia. Mesmo nas espécies menos sofisticadas, a reprodução por cissiparidade conserva o princípio da individualização, em que o ser se mantém nas formas elementares de existência. O eixo central do atingimento da individualização concentra-se na singularidade do indivíduo, que se traduz especialmente por traços de unidade, inteireza, continuidade, autossustentação e auto-organização. Daqui é possível estabelecer sistemas de equilíbrios internos e de relações com o meio externo. No entanto, o desempenho da natureza, ao alcançar ápices na construção de um ser fundamentado na unidade somatopsíquica, é verdadeiramente espantoso. As linhas de expressão em cada espécie e em cada caso são muito variáveis, como não deveria deixar de ser, mas foi preciso, para a natureza, que o ser em si mesmo tivesse autonomia suficiente em face do não ser, e isso se resolveu por conta do que lhe foi outorgado de inteireza.

Uma das finalidades da natureza está em obter um lugar de existência ao ser vivo, e este pode exprimir a alegria da individualização em seu próprio ato de existência. A poética do ser manifesta-se por toda parte e suas expressões mais comuns aparecem sob as formas de beleza. Por vezes, fica claro que a natureza opera para o seu próprio deleite, e isso geralmente se verifica no esplendor da imaterialidade. Nas culminâncias de suas realizações, os seres vivos têm tudo para experimentar a vida com alegria. Se a sobrevivência é, de fato, uma tarefa complicada e difícil, por outro lado, tudo se altera quando vigora livremente a vida do ser, parecendo que este aí encontra a sua razão de existir. A alegria depende da experiência de viver em plena liberdade e em sintonia com o próprio ser. A sintonia, contudo, não se limita à noção consciente que o indivíduo humano tem de si mesmo. Mas, ao contrário, a inconsciência e a oclusividade permeiam todo o universo vivo, reinando sobre os indivíduos e as espécies.

A vida é feita de tal maneira que o ser vivo inclui o paradoxo da flexibilidade e da rigidez, da plasticidade e da fixação, da aspiração e da contenção. Nesse ponto, torna-se praticamente impossível deixar de pensar que cada indivíduo vivo tenha um organizador central. Se este, por qualquer razão, não atuar, o desequilíbrio e a doença poderão se instalar, vindo a sufocar ou a neutralizar o processo de individualização. O ser dos organismos vivos pode ser mais ou ser menos elaborado, mas há em sua base, como sabemos, o sistema nuclear de organização e o centro de sustentação que respondem pela homeostase, pela ordem das partes no todo e pela integridade do bom funcionamento geral.

É patente, pois, que a vida como fenômeno universal se expressa na individualidade do ser. O princípio de individuação manifesta-se particularmente como ser. Ao introduzir esse princípio, a natureza introduziu a peculiaridade da individualidade no ser vivo. Essa é uma das grandes sofisticações da natureza, em busca da realização de suas melhores formas de expressão dentro das condições existentes. O ser vivo é a expressão mais característica do princípio de individuação. Ao haver vida e, em consequência, o ser do indivíduo, o querer-viver estabelece-se como princípio primordial. O querer-viver decorre do fato de que, existindo vida no indivíduo, ela tem por base o ser e, neste, a alegria de existir; por isso, o princípio de vida prevalece sobre o princípio de morte, enquanto as condições vigentes o permitirem. Assim, em vez de se constituir em potência negativa, o querer-viver, centralizado na vida do ser, cria, impulsiona, mantém, transforma, desenvolve e expande a vida, tornando-se uma das mais eloquentes e substanciais leis da natureza. O querer-viver passa a ser, no conjunto, o elemento em comum mais bem representativo dos seres na consecução do princípio de vida.

Encontramo-nos, porém, diante de duas posições metodológicas. Numa delas, os elementos do Universo organizam-se somente à medida que os acontecimentos em curso vão se dando, movidos por um suceder autônomo e, assim, criam princípios e leis em conformidade com os próprios movimentos variáveis que eles desencadeiam.

A outra posição advoga, para um número altamente significativo de casos, que existem princípios e leis fundamentais da realidade, aos quais os acontecimentos se subordinam. Para esta posição, a organização e a estruturação processam-se nos termos das regulações fundamentais, que determinam aquilo que se lhes aplica, segundo as formas de seu suceder. Adotando-se a primeira posição, o querer-viver no ser vivo torna-se uma ocorrência casual, situacional ou fortuita, advinda de condições variáveis, sejam internas ou externas ao organismo; logo, passa a ser uma ocorrência contingente. Se, contudo, o ponto de partida for a segunda posição, verifica-se que certas constantes se repetem, como a constituição de um ser e, no ser vivo, do querer-viver. A observação empírica leva à conclusão de que o querer-viver, estando em todo ser vivo, não é contingencial. Ao contrário, constitui-se em fenômeno universal por conta de princípios que são aplicáveis indistintamente a esses seres. Daqui derivam noções de que se trata de um impulso pró-vida que todo ser vivo tem em comum. Diz respeito, portanto, a uma categoria universal e que se evidencia ao se considerar a vida como um todo; e não de modo pontual, acidental e elementarístico.

Em conclusão, o querer-viver é um fator vital que anima o ser vivo, sendo uma expressão nuclear e primordial do próprio ser. Difere essencialmente do querer-viver negativo que, em Schopenhauer (1941), se constitui em concepção metafísica de caráter axiomático. Nesta, os propósitos do querer-viver consistem em ligar enganosamente os seres à vida, a fim de conduzi-los à escravidão. Neste caso, não há um ser no comando da vida que possa usufruir dela, mas sim organismos errantes ou títeres iludidos pelo Véu de Maia. O querer-viver que anima todo ser vivo diferencia-se, igualmente, do *élan vital*, um impulso primitivo que, em Bergson (1959), abarca o conjunto da criação com a finalidade dar vida, manter e fazer evoluir o Universo em seu conjunto e em sua totalidade. De meu ponto de vista, o princípio fundamental de vida expressa-se como ser, tendo no querer-viver diferentes níveis de desenvolvimento, em conformidade com a evolução individual e das espécies. Desse modo, os seres vivos organizam-se e apresentam aspirações que respondem, em parte, pelos processos evolutivos e pela seleção natural. No ser humano, o querer-viver universal manifesta-se em uníssono com o *ser interior*.

9. O ser do ser humano

Nos termos da evolução das espécies *lato sensu*, a questão evolutiva do ser humano é indissociável da evolução do ser vivo. Certamente, algumas das principais características existem em comum, outras são bastante diferentes, considerando-se também que nossos conhecimentos a respeito das outras espécies são, ainda, insuficientes. O ser que melhor conhecemos é o ser humano. Neste, o que mais chama a atenção como ser? De início, parece que é a própria existência do ser. Especialmente quando, ao se tornar consciente, se manifesta pelo sentimento de haver uma presença mental, que se traduz como "este sou eu". A presença mental fornece a experiência de existência do ser, que caracteriza a pessoa como ela própria, e não como outra coisa. A experiência de existência própria é elementar e anterior a qualquer pensamento lógico, colocando conscientemente o lugar do ser no centro da vida individual. Tomando-se os seres humanos em conjunto, recoloca-o no centro da vida humana.

A experiência de haver um ser no ser humano propõe a cada um a tarefa de conectar-se consigo, que difere essencialmente de uma vida deslocada desse centro. Por isso, conhecer-se a si mesmo torna-se uma reflexão filosófica fundamental. Sem dúvida, a afirmação de Heráclito de Éfeso (1964, p. 79), no século V a. C. – "eu me busco a mim mesmo" –, tem a ver com o fato de que o contato da pessoa consigo própria sempre foi problemático. A busca torna-se premente quando o contato se distancia, levando à angústia de falta de ancoragem no ser, geralmente vivida com sensações de irrealidade, falseamento, esvaziamento ou inexistência. Por outro lado, quando o contato se realiza, evidencia o fato de que cada um pode ter a experiência genuína de realidade e de verdade interior.

Daqui deriva a noção de posse de si mesmo e de comando da própria vida. Se o *ser interior* está no comando, os relacionamentos internos e externos têm por base um centro de energia, que faz a pessoa estar consigo própria e não se desfocalizar. Ela pode se discriminar em relação ao que não lhe concerne, com sentimentos de validade e capacidade de dar conta do que se passa. Trata-se de uma disposição mental que Spinoza (1999) caracterizou como *conatus* e Bergson (Thibaudet, I, 1923) como *nisus*: o empenho, a energia e a potência, a partir de que o indivíduo persevera em seu ser. Não se trata, pois, de uma energia cega, e sim de uma determinação interna, conduzida por um ser vivo e operativo.

A questão da existência do *ser interior*, nessas condições, é mais complexa do que parece à primeira vista. Ele se torna um centro de organização que coordena, ordena e movimenta infinitos processos relacionados à vida e ao viver, incluindo-se o organismo, as relações de objetos internos e as relações com o mundo externo. De maneira especial colocam-se as relações com o corpo, que dependem do estado do contato com esse ser, inscritas no arcabouço da unidade somatopsíquica. Embora a experiência de existência própria envolva o corpo, ela é essencialmente uma experiência de ser, e não uma "coisa" no âmbito da concretude. O corpo é simultaneamente substrato e lar do ser; ao estarmos unidos com ele, nós nos sentimos ser. Para cada um de nós, a consciência de si é, de início, corporal e, quando ela se distancia, é possível a ela retornar, pela sensação de presença inteiriça e que se manifesta na unidade corpo-mente. Não diz respeito às identificações, e sim à sintonia, mediante a qual o corpo se revela em integração com a mente. A individualização é constituída pela indissolubilidade somatopsíquica, quando a organização é unitária e o corpo não se expressa em separado do todo. Tal é a maravilha da organização mental que será maior se estendermos os meandros da organização às demais relações internas e externas. De forma geral, havendo contato suficiente com o *ser interior*, tende a sobressair a inteireza de um todo orgânico, funcional e integrado.

Como vemos, na experiência de inteireza está a consciência de si e, nesta, a distinção entre o que é e o que não é próprio do ser. Contudo, a consciência de si pode se obnubilar, ofuscar ou obliterar. Sendo ela muito sutil, nem sempre é possível haver uma discriminação essencial de si mesmo. Apesar de tudo, a natureza colocou à disposição dos seres humanos a possibilidade do autorreconhecimento como ser, de permeio a tudo o que não o constitui. A partir da experiência de inteireza, dissipa-se a confusão, dado que o ser se distingue, vindo a permitir a consciência da tomada de forma da individualidade.

Tudo acontece pelo fato de a realidade primária comportar um núcleo de coesão, que se autonomiza como sistema endógeno definidor da pessoa, caso determinadas condições sejam preenchidas. Então, nesse caso, o *ser interior* se impõe na interioridade (tomada em sentido geral), integrando o eixo somatopsíquico e determinando sínteses nas relações internas e externas. Para isso, importa fundamentalmente o contato com o ser profundo, sendo essa a base de toda evolução psíquica. Talvez – uma suposição plausível – o ser humano seja aquele que tenha melhores possibilidades de vivenciar o contato com o próprio ser e, assim, tornar-se consciente de si. Por outro lado, as destrutividades consciente e inconsciente, entre outros fatores, ao exercer atividades antivida, frequentemente o impedem de alcançar uma existência harmoniosa.

A problemática do contato, que conduz ou não à experiência de existência própria, está no centro da questão humana. Grande parte da angústia e do desencanto do ser humano consigo próprio e com os demais concentra-se no distanciamento de contato. Se a natureza nos coloca em face da vida do ser, a vida coloca-nos diante da possibilidade de "escolhas" entre abraçá-lo ou rejeitá-lo, amá-lo ou odiá-lo, vivê-lo ou expulsá-lo. Essa é uma função vivenciada individualmente, tanto de modo consciente quanto inconsciente. A falta de sentido e a tragédia da vida têm muito a ver com essa problemática, assim como as múltiplas formas de subterfúgio, evasão, preenchimento ilusório, má-fé, depressão, vazio, solidão, intolerância, subjugação e crueldade, entre incontáveis outros aspectos. No contato com o *ser interior*, podemos experimentar significação na vida, relacionamento afetuoso e alegria de viver, visto que tende a se presentificar uma intimidade amorosa, na qual estamos em relação conosco e com o mundo, harmonizando-nos.

Desse ponto em diante, a vida é experimentada significativamente e não como um acidente qualquer, de que devemos nos livrar. Parece ser essa a meta da natureza ao outorgar a existência, dentro de um conjunto evolutivo de extraordinária complexidade. Nossa breve passagem pela vida pode ser coroada de êxito, se nos assenhorearmos de nosso ser por presença e ação. A natureza fez-nos de tal modo que ninguém pode realizar essa função em nosso lugar, sendo certo que temos de nos haver com processos dialéticos de todo tipo. Nosso desenvolvimento corre *pari passu* com paradoxos, dificuldades, conflitos e sofrimentos, mas segue inalterável a proposta da natureza de alcance dos patamares distintivos no contato com o *ser interior*.

Não se trata, aqui, de subestimar ou menosprezar o papel da dor. Ela é um fato inegável em nossas vidas, podendo nos fazer mergulhar em infindáveis desconsolos, aflições e desesperos. Contudo, mesmo sendo inevitáveis, o sofrimento e a morte terão importâncias mais reduzidas, se não estivermos distantes ou rompidos com nosso ser. As dificuldades e agruras poderão ser mais bem encaradas se experimentarmos algo essencial em nós e que permaneça presente enquanto vivermos.

Se o mundo tem um destino, e se este consiste em abrigar o ser, todo ser humano é convidado a participar, unindo-se ao mundo para realizar uma obra em conjunto com a totalidade dos seres. Se há a maravilha do ser no cerne da existência, e se esta se liga à eternidade, existir é, em si mesmo, uma expressão dessa mesma eternidade. Coloca-se em sentido universal "a profundeza do mistério que cada um tem dentro de si mesmo", como disse Brito (1957, p. 116). O êxtase aparece na sintonia, na abertura e na viva existência do ser do ser humano.

10. A natureza não sensorial do ser interior

Há muito tempo, a filosofia tem se ocupado da polarização existente no Universo, que é simultaneamente estável e transformante, estruturado e aberto ao não estrutural. Heráclito de Éfeso (1964) havia apontado o paradoxo de que, com o tempo, entramos e não entramos no mesmo rio. Isso se reflete sobre a mente, cujas propriedades não se separam do Universo, sendo ao mesmo tempo estável e fluida, sólida e dinâmica, estruturada e aberta ao fluxo. Se, didaticamente, considerarmos apenas o que garante os termos da estabilidade, teremos que nos referir à constância da existência do *ser interior*. Mesmo encoberto ou invisível, ele tem sua continuidade no tempo, sendo identificado como essencialmente o mesmo, decerto enquanto permanece a sua existência. Perante a variabilidade e a impermanência, ele dá sustentação à identidade, mantendo-se relativamente estável. Na experiência, ele é o ser em que podemos nos ancorar, estando na base dos relacionamentos genuínos. É um ser que sentimos estar sempre aí, quando a noção a seu respeito é consciente. As pessoas que normalmente têm contato com ele costumam se surpreender ao constatar que, para além das mudanças ocorridas na vida, persiste o reconhecimento praticamente inalterado do ser que elas experimentam que são. As transformações sofridas não alteram fundamentalmente as bases de sua permanência e continuidade.

Por isso mesmo, ao ser humano torna-se possível a abertura ao desconhecido, ao indeterminado e à obscuridade. A aventura humana contém os germes da eterna indagação, aberta à invisibilidade e ao devir. Sustentado no ser, descortina-se o horizonte da infinitude, com o convite à penetração. Fortificada a noção de si mesmo, o ser humano lança-se ao desvendamento dos abismos. Desde sua potencialidade original, o bebê humano já é um ser e uma abertura no vir a ser, que se torna possibilidade de expansão. A natureza colocou esse ser na posição ímpar de ter, ao mesmo tempo, a segurança da constância e a versatilidade do imprevisto.

Dessa perspectiva, nada mais natural que perscrutar o próprio ser, a fim de conhecer-lhe a natureza, assim como o fascínio que exerce como potência visível e invisível. Já ao nascimento do bebê, há algo que preexiste como inteireza e se define como ser. Foi preciso que as técnicas mais elaboradas e sensíveis de captação, como as imagens de ressonância magnética, corroborassem as intuições, observações e vivências das mães em haver *alguém* ao nascer, e mesmo antes, com quem elas se comunicam. Dehaene (2018, p. 63) disse que "desde o nascimento, o cérebro dos bebês é muito bem organizado e já conhece muita coisa sobre o mundo exterior . . . [inclusive] coisas abstratas, como as diferenças entre as pessoas e os objetos". A autora afirma, também, que agora se sabe existir, antes do nascimento, "uma organização precoce do cérebro humano" com sistemas estruturados ao modo dos adultos, compreendendo circuitos e conexões estáveis e maleáveis (Dehaene, p. 115). Em sua potencialidade original, o bebê caracteriza-se pela individualização do ser e pelas possibilidades em aberto a ocorrências. Ou seja, há um fator central característico que, assegurando a existência de forma relativamente permanente, se abre às experiências, a começar pela vida intrauterina.

Então, desde o princípio, coloca-se a questão fundamental de que o ser humano é constituído por uma estrutura e, simultaneamente, por uma abertura. Nessa dimensão, o próprio bebê necessita ser reconhecido e distinguido como ser, a fim de que se autorreconheça. A tarefa de reconhecimento precoce por parte da mãe ou de quem cuida do bebê pode ou não ser bem-sucedida. No entanto, ele se descobre como ser na experiência relacional, ainda que, como tal, o ser sempre esteja lá, sendo o fator principal a ser encarado. A dificuldade, para a mãe ou para quem cuida, está em não se tratar de um objeto concreto a ser reconhecido, mas de algo essencialmente não sensorial. Está em curso, portanto, o resgate do ser do bebê para si mesmo, que se faz sob o olhar de alguém que o perceba como sujeito, e não como algo coisificado. Por felicidade, ao se descobrir como sujeito, o bebê descobre também o objeto que o reconhece, bem como a separação existente entre eles. Uma das características desse encontro está em que, ao voltar-se para si mesmo, descobrindo-se, o bebê descobre o mundo.

Tudo se dá no plano das emoções, vivenciadas de modo não sensorial, dado que o *ser interior* tem existência não sensorial. Quem reconhece o bebê, primeiro se reconhece como ser. O reconhecimento primário poderá ou não ocorrer ou, ocorrendo, poderá ou não se perder. Contudo, é uma via que abre espaço ao contato com uma ordem de fenômenos completamente diferentes da habitual. Trata-se, em primeiro lugar, da abertura ao contato do indivíduo consigo próprio e, depois, de abertura ao universo da significação. Um universo que comporta, entre outros aspectos, preconcepções, cognições, vinculações afetivas, descobertas criativas, expressões singulares no mundo e experiências inefáveis. Ao descobrir-se como ser, o indivíduo humano descobre a abertura à vida mental *lato sensu*.

Como sabemos, a não sensorialidade não significa incorporeidade, pois o corpo é a verdade que participa do ser. A não sensorialidade, constituindo os próprios fundamentos do *ser interior*, é uma das maneiras de a natureza se revelar no ente humano. A natureza, assim, manifesta-se como vida, e esta, sendo a raiz da não sensorialidade, consubstancia-se na vida do *ser interior*. Por isso, não há motivos para se vincular esse ser à sensorialidade. Veremos adiante que a sensorialidade se coaduna com o funcionamento de outra instância psíquica, no caso o *self*, que se distingue do *ser interior*. Se o contato profundo e verdadeiro do indivíduo consigo mesmo é isento de concretude, a experiência de existência própria é absolutamente vivencial e não sensorial. Isso não quer dizer que o contato seja independente da matéria, dado que a vida humana se dá na intimidade física do mundo. A transformação que se processa, de sensorial a não sensorial, representa um dos mais inacreditáveis saltos da natureza em seus movimentos criativos.

Desse salto emerge a liberdade do ser humano, visto que a concretude tem o poder de tomar, constranger e submeter a mente humana; a não sensorialidade, não. Esta conduz a expressão espontânea do ser e, não sendo um objeto concreto, jamais o ser humano é capturado pelo próprio ser. Não é capturado em função do simples fato de que o *ser interior* é livre em sua existência não sensorial. A liberdade de ser constitui, portanto, um dos aspectos extáticos da natureza, ao outorgar ao ser humano um continente em aberto na mente, constituído por um ser em liberdade, espontaneidade e leveza.

Se a sensorialidade do espaço interno diminui ou desaparece, prevalecendo o contato com o *ser interior*, tendem a surgir as experiências em um espaço livre, leve, solto e amplo, que correspondem à própria abertura não sensorial desse ser.[1] Em outras palavras,

1 A sensorialidade, aqui, refere-se a elementos psíquicos que têm as propriedades, as qualidades ou as características da concretude, cuja tendência é tornar factuais e objetificar os dados da realidade interna e externa.

tende a apresentar-se pelo contato a mobilidade psíquica, uma característica distintiva desse ser, que é vivenciada geralmente como fluidez. Sendo o *ser interior* uma expressão de vida, sobressai por isso mesmo a liberdade de movimentos, uma forma vivencial extremamente significativa. Ela consiste na realização da vida do ser, sendo experimentada como alegria, pois vida e alegria participam de uma unidade. Se inexistir mobilidade, a existência humana se enrijece, sendo dominada por processos adversos, sob diferentes formas de sensorialidades e de correlações com o distanciamento de contato com o ser profundo. Entretanto, quanto mais a pessoa estiver em contato consigo mesma, mais a experiência tenderá a ser não sensorial. Daqui poderá emergir uma potencialidade em aberto às experiências com o mundo. A verdadeira liberdade sustenta-se nesse espaço interno, o mais possível vazio de sensorialidade e de outras impregnações psíquicas.

Em liberdade, abre-se a mente na abertura do ser. De si para si mesmo, o ser é leve como a aragem, como o céu aberto, como o dia radioso de sol. Sem as acumulações sensoriais e sem as turbulências de toda ordem, a leveza aérea do ser é como a brisa, e acolhe tudo: o amor, a dor, a vida, a morte... Um espaço de acolhimento, uma disposição ao que surgir; e o que surgir pode ser o inesperado, a novidade, o frescor ou a surpresa. Na abertura do ser, acompanhamos os movimentos das coisas que se nos oferecem e se nos revelam. Em seu influxo, o mundo chega espontaneamente ao "desinteressado interesse" da interioridade livre. A abertura faz-se criação, que não é outra coisa senão a expressão espontânea da ligação mais própria e feliz.

A disposição flexível, fluida e elástica da mente, que Freud (1996) tanto valorizou usando o nome de atenção flutuante, é uma implicação do contato com o *ser interior*. Deixar-se ir e abandonar-se à flutuação são decorrências do princípio de abertura do ser, um estado de receptividade ao que existe, em conformidade com a natureza das coisas. Para isso, é necessária atenção à interioridade. A ênfase coloca-se na descentralização da mente em relação a suas determinações categóricas e a suas fixações prismáticas. O processo mais complexo implica a discriminação e o enfrentamento das perturbações psíquicas, o conhecimento e a superação dos condicionamentos psicológicos, a transposição das saturações sob padrões, sistemas, modelos e conceituações que envolvem fixações e absolutizações em ideologias, crenças, preconceitos, fanatismos e outras formas de empedernimentos. Na receptividade ativa, a realidade tende a se mostrar como é, em estado puro e incontaminado pela mente. Se nossa atenção se volta ao funcionamento psíquico, torna-se indispensável um exame detido da sensorialidade, assim como das demais interferências que, em cada caso, fazem a pessoa distanciar-se ou alhear-se de si mesma. Se formos bem-sucedidos, será possível alcançar um estado de limpidez, em que a mente adquire independência relativamente ao que a impregna, seja de modo consciente ou inconsciente. A limpidez é correlativa à liberdade, pois tendem a ser eliminados os obstáculos ao contato com o *ser interior*. Livrando-se a mente de suas obstruções, esse ser assoma à consciência e passa a ter condições de descobrir um mundo em estado igualmente límpido. Pode ocorrer a inesperada maravilha de este se revelar em mobilidade fluida e em êxtase criativo. O *ser interior*, cuja natureza é não sensorial, encontra assim sua expressão privilegiada na liberdade de fluir, e esta, sendo seu traço distintivo natural, não representa outra coisa senão a própria criatividade extática da natureza.

11. A abertura ao mundo

A abertura do ser conduz a abertura ao mundo, sendo este um encontro de dupla profundidade. O mundo, se encontrado, revela sua abertura em um descortínio de surpresas. Ele tem uma linguagem a ser decifrada com essa penetração. E ao nos deixarmos penetrar, tornamo-nos espaço de ressonância para a construção de um relacionamento. O interior e o exterior vão se compondo para a repercussão do fluxo extraordinário da existência das coisas, que são despertadas para nós. Estando atentos e abertos, podemos captar-lhes as sutilezas, porquanto a limpidez interna é propícia à limpidez externa. Esta corresponde à própria abertura do mundo, em especial da natureza, em suas feições refinadas e aprimoradas. Se estabelecemos sintonias, as significações das coisas podem transparecer do meio cintilante, transfigurado e abissal em que elas habitam. Uma vez ajustada a percepção fina, de cada aspecto da abertura do ser poderá emergir um aspecto da abertura do mundo em expressões imateriais.

Sim, os seres têm a propriedade de revelar impressões de sua existência imaterial quando possível. Em um tipo privilegiado de relacionamento, há encontros da não sensorialidade do ser com as faces imateriais existentes no mundo. Estas se mostram ao espírito sensível, que mergulha na experiência de existência própria e, havendo limpidez, abre as comportas da mente à percepção da realidade transformante, fluida e bela, que se desnuda para nós. Dela sobressai a significação imaterial, que não se confunde com a significação não natural. Por vezes, são simples momentos de abertura, como a leveza etérea das cores, a musicalidade dos sons da natureza, as formas doces e suaves das plantas, o fluxo das águas dos mananciais e infinitos outros aspectos. A natureza, a vida e o Universo têm sentidos que nos fascinam quando nos abrimos ao seu encontro. Especialmente quando se apresentam nos vínculos, sejam proximais ou distais. Recebemos um sopro benfazejo e, muito além das palavras e concepções, temos diante de nós o colorido, a claridade, a amplidão, o fulgor, a propriedade etérea e o enigma, que nos convidam à participação até onde nos permitir a experiência. Baudelaire (1951a, p. 1.189) dizia que encontrava a imaterialidade até nas coisas mais comezinhas,[1] mas também em certos "momentos da existência em que o tempo e a extensão são mais profundos, e o sentimento de existência está imensamente aumentado".

Nesse estado de espírito, recebemos essa propriedade etérea da natureza, que se apresenta em suavidade e docilidade. Ela está no roçar do vento sobre as folhas leves e macias das árvores, no voo deslizante de um pássaro na floresta, na leveza da garça que plana sobre um lago e até na folha mimosa recém-aberta para a vida. Em toda parte, ao vermos a natureza se mover de modo liquefeito, contrapondo-se a toda dureza, temos a revelação da graça de cada ser na gratuidade de sua existência. Nosso espírito prescinde do romantismo para perceber a aurora das madrugadas, a aragem das manhãs, a claridade das tardes e o mistério das noites profundas.

1 Ver, também: Baudelaire, 1951b, p. 904.

Seja dia ou seja noite, pode ocorrer que, em estranho silêncio, as figuras que desfilam tenham as aparências das imagens dos sonhos. Quando são puras, coloridas e desvanecentes, representam o vigor da natureza que sutilmente se dá em caráter etéreo. Nota-se perfeitamente seu deslizamento fluido, seu diáfano colorido, sua leveza de movimentos que se predispõem à contemplação. Em nossa entrega ao fluxo, somos receptáculos vivos das flutuações da natureza, que alcançam formas imateriais. Elas se apresentam em conjunção com nossos momentos vivenciais mais expressivos, quando nossa fluidez descobre o êxtase das coisas.

Assim foi, certamente, na vivência de Wordsworth com os narcisos.[2] O poeta pôs-se a vagar como nuvem flutuante diante dos narcisos dourados que, tremulando, dançavam ao vento. Em leveza e harmonia, lá estavam eles, brilhantes e fugidios como as estrelas, de tal modo que o olho interior se enlevava em beatitude na dança etérea que esplendia. Em todos os tempos e lugares, os poetas não se cansaram de dar notícias desse mundo evanescente, descrito muitas vezes com ternura. Shelley[3] na cidade de Nápoles, cantou a dança luminosa das ondas do mar, a transparência das ilhas azuis e das montanhas nevadas que, na leveza dos sopros da terra, moviam-se em brilho e harmonia. Tudo parecia estar envolvido em glória, a despeito da depressão do poeta.

Na poesia chinesa clássica, os letrados, em geral, eram ciosos dessa atmosfera de propriedade etérea, que eles alcançavam longe dos percalços do *mundo humano*. O universo imaterial parecia-lhes ser um horizonte de promessas, que se sobrepunha a toda forma de sensorialidade. O ideal desse letrado era ir ao encontro da realidade, entoada sem ostentação, na simplicidade natural que significativamente surgia diante dos olhos, como as brumas, como um sopro

2 Ver: Wordsworth, 1988.

3 Ver: *Ode ao vento oeste e outros poemas*, de P. B. Shelley (2009).

ou como o perfume da primavera. Um exemplo está na poesia de Li Po,[4] pela riqueza das imagens descritivas da imaterialidade:

Visto um manto de vapores vermelhos e,
Sorvendo o brilho do pôr do Sol,
Subo numa nuvem e extasio-me nas alturas.
Minha face tem o esplendor do jade e,
Assim, penetro o infinito.

De modo geral, presentifica-se a etérea leveza, que às vezes conseguimos apreender na existência do mundo. Este apresenta confluências inimagináveis e induz-nos, metaforicamente, a erguer-nos sobre as nuvens, voando na amplidão. Já não vemos essas árvores, esse jardim e esse luar como se estivéssemos numa armadura, e sim, reconciliados com o mundo, deixamos que ele se apresente na vastidão de seus mistérios, alguns ocultos e outros, perceptíveis.

---

4 Li Tai Po (ou Li Tai Bai) é celebrado como o maior poeta chinês do passado. Ver: Demiéville, 1986, p. 252, em transliteração do autor.

12. A metáfora dos sonhos

Se tomamos a dimensão dos sonhos como referência para a realidade externa, uma correnteza onírica perpassa nossos relacionamentos, fazendo-nos mergulhar na captação de um mundo que, ao menos em certos momentos, parece muito diferente do habitual. Em sua fisionomia onírica, ele se confina com uma orla enigmática e nós o percebemos como se fossem sonhos de um sonhador acordado. As imagens que temos são algumas vezes longínquas, outras vezes misteriosas e frequentemente fluidas ou arrebatadas pelo tempo. Não deixam de ser, porém, sutilezas do mundo real, que nesses momentos chegam até nós. Na visão de sonhos para a realidade, entram em cena manifestações não convencionais e os fatos comunicam-se conosco de forma inusitada, seja em sua versatilidade e metamorfose, seja na criação de novas significações. O transcorrer vertiginoso e fugaz da vida humana, por exemplo, leva os grandes espíritos que a humanidade produziu a perguntarem, como Shakespeare (s/d, p. 76): "estamos despertos ou sonhamos? Tudo isso é sonho?". Não que eles nos iludam; ao contrário, é assim que para eles se apresenta a realidade.

Nos sonhos noturnos, as emoções difusas buscam uma tomada de forma e uma clarificação. Em estado livre, elas se permitem jogar com as imagens, a fim de encontrar ludicamente significações que necessitam se tornar simbolizáveis e compreensíveis. Na latência dos sonhos, as emoções costumam representar partes dispersas, esboços, embriões, processos parciais e inacabados, que existem de modo relativamente obscuro ou dissimulado. Os sonhos veiculam conhecimentos que, vindo à tona indistintamente, necessitam ser interpretados. Eles têm a função de promover o desenvolvimento e dar conhecimento ao sonhador do que se passa. Por vezes, reclamam a urgência de um desvendamento. O sonhador, geralmente, está impregnado de conflitos e direcionamentos discrepantes de suas orientações vitais, por isso necessita tornar-se consciente do inconsciente, a fim de encontrar a harmonização e a integração. As imagens lúdicas dos sonhos tendem à recomposição, em contraste com as tendências regressivas e as fixações sensoriais do sonhador, que se opõem aos ditames de seu próprio ser. Normalmente, são imagens que contêm a voz desse ser em estado de mobilidade e de alerta criativo. Veiculando a mobilidade fluida, elas criam novos símbolos, relacionados com as tentativas de resolução dos conflitos e dificuldades emocionais.

Nossa relação com os sonhos noturnos não difere essencialmente de nossa relação com a realidade externa, tomada do ponto de vista onírico. Como aqueles, esta é complexa, obscura e transformante. Nossa compreensão se alarga ou se estreita, em conformidade com nossa capacidade de penetração e de obtenção de conhecimento. Nos sonhos, o que é desconhecido pode se tornar conhecido por um processo de clarificação daquilo que é confuso e indistinto. Assim também, nossa relação com a realidade externa, de fragmentária e difusa, pode se tornar compreensível e integradora, mesmo que jamais consigamos alcançar um desvendamento completo. Contudo, podemos, sempre, compreender melhor os processos de organização que se dão tanto na realidade interna quanto na externa. Com isso, assumimos uma relação com a vida menos caótica e mais significativa. Se os sonhos noturnos buscam a renovação psíquica, o contato aprimorado com o mundo externo se traduz por renovação experiencial e alargamento de visão. O mundo apresenta-se por enigmas, cuja decifração nos capacita à evolução mental no contato com um fundo inesgotável, criador de novas formas de existência, como no caleidoscópio dos sonhos. Se, de início, tudo se nos afigura caótico e absurdo, parecendo tanto ser como não ser, o inconsciente do mundo vem revelar sua profundidade e, estando abertos à experiência, um "outro mundo" se apresenta, livrando-nos da fixidez e da paralisação na situação sensorial estabelecida.

Isso porque a metáfora dos sonhos considera as leis de construção da realidade, leis que lançam suas raízes na mobilidade fluida do inconsciente. Se, em princípio, nada permanece para sempre, é esse sentido de mudança que cria a harmonia do mundo, como dizia Heráclito de Éfeso (1964), porque a cada dia, como o sol, o mundo se renova. Para isso, a atmosfera dos sonhos constitui um justo paradigma, indo ao encontro da incessante metamorfose e libertando-se do congelamento sensorial. É onde a embriaguez do mundo constantemente se dissolve e se reintegra no infinito jogo da vida. Então, uma realidade mais profunda tende a se mostrar a quem se deixa ir flexivelmente, como Chuang Tse (1959), que recomendava seguir os ciclos das transformações e a espontaneidade das coisas. Daqui nasce a fertilização da vida pelos sonhos e pela própria natureza da realidade. A incessante mobilidade criadora de novos símbolos nos sonhos fertiliza a polifonia de cada coisa, cujas significações jamais definitivas estão abertas à linguagem sempre renovada. Cada forma de existência perceptível equivale por si mesma a uma imagem de sonho.

O caráter onírico alcança a fugacidade do momento presente, assim como da própria vida que passa inapelavelmente. Desaparecem no tempo inexorável a precisão das formas, as noções de espaço e a concretude das coisas, deixando impressões vagas e distantes, que acabam por se dissolver. O que hoje parece ser tão sólido desfaz-se como as brumas. Em nós, permanece um *frémissement* diante daquilo que surge com tanto alarde e logo se evapora. Acontecimentos ruidosos desmancham-se na poeira do tempo, suplantados pela mobilidade da vida que se transforma. Li Tai Po (*apud* Demiéville, p. 255) escreveu que, em estado de abandono, "nos velhos palácios de imperadores e príncipes, as portas dos salões não encerram mais do que poeira". Mais se parecem com figurinhas de papel. A sólida realidade assemelha-se ao vento, pois é banhada em perda e esquecimento. Tudo se afigura em ar de passagem, como as borboletas que voejam no céu anil e, logo, mergulham em inexistência.

No entanto, justamente nisso está contida a preciosidade do instante que se extingue. As borboletas deixam no ar o perfume em que elas habitam. Enquanto vivem, a vida na qual não se prendem é doce. O que é efêmero contém a significação da existência e prima por ligação. Quanto maior for a consciência da perda, tanto maior será a consciência do vínculo. O momento único é aberto a si mesmo em existência ímpar, inigualável e insubstituível. É expressão máxima da vida, que nele encontra sua significação e seu êxtase.

Antes de tudo, a vinculação original é do ser consigo mesmo. Desde essa base, resulta para cada um de nós a noção de existência e, nesta, a experiência de continuidade. Daqui emerge uma relação profunda, de modo a encontrar fora mobilidade semelhante à que existe dentro: o contato com o *ser interior* oferece condições de acolhimento da realidade externa transformante. Penetramos o espaço dos sonhos do mundo, desde a liberdade de nosso espaço mental. Libertos da saturação de concretude, distanciamo-nos o suficiente para abarcar os acontecimentos em sua aura de passagem e, assim, usufruir do encanto da vida. O instante transitório passa a ser experiência de presença e encontro, participação e entrega, liberdade e plenitude. Compreendemos que nesse instante reside toda a exuberância e toda a graça da existência.

Na fugacidade do presente, por desmaterialização da concretude, a dimensão dos sonhos para a vida pode alcançar a atemporalidade. O mundo, em sua significação, subtrai-se aos desejos e memórias do sujeito conhecente. Se nos sonhos noturnos o sonhador é o sonho, na vida desperta o sonhador acordado é, ele próprio, essa realidade onírica de que faz parte. Ancorado em si mesmo, contudo, não se perde de si. E o mundo, liberto do fundo sensorial do sujeito percebedor, exprime-se em exuberância criativa.

Na visão de sonhos, descobrimos o mundo envolto em uma auréola de mistérios e, muitas vezes, em figuras do reino das sombras. Ele ressoa desde os abismos profundos, mostrando em cada coisa a sua nebulosidade e a sua insondabilidade. E dessas faz parte o inexplicável, em sua muda presença, como também o imprevisível, o monstruoso e o medonho. Nessa visão, a própria história da humanidade passa a ter o sentido dos sonhos, tanto quanto a seleção natural, em sua eliminação seletiva para a diversidade e para a variação evolutiva. Mas muito além de toda crueldade e de todo horror, sorri para nós um mundo de infinitas faces, exultante da afirmação de sua presença, que se impõe em vez do nada. Do fundo dos abismos resplandece para nós a clara realidade, brilhante sobre um mar infinito em que se acalmam as tempestades e onde se torna possível a vida vencendo a destruição e o caos. Como num sonho, ergue-se a existência dos seres acima da dor e da morte e, como num sonho, extasiam-se de seu próprio existir.

13. As imagens mentais espontâneas

As imagens mentais espontâneas estabelecem uma forma particular de relacionamento com o mundo. Elas mostram figurativamente o estado dos movimentos mentais no ato de apreensão da realidade. Em vez de ser uma apreensão pelas vias perceptivas e pela conceitualização habitual, ela se dá por formas fluidas e lúdicas, que se combinam e se sintetizam em imagens. Sendo este um assunto amplo e complexo, limitamo-nos aqui a considerar somente alguns aspectos da comunicação por imagens espontâneas. Basicamente, elas se apresentam sob formas sensoriais e não sensoriais. Nas primeiras estão contidas as imagens alucinatórias de todo tipo, mas também as imagens hipnagógicas, eidéticas e hipnopômpicas, quando são compostas por ingredientes sensoriais. Entretanto, interessam-nos particularmente as imagens mentais espontâneas que se constituem de modo não sensorial, sob alto grau de contato com o *ser interior*. Nesse caso, elas se formam em estado de abertura à sintonia com a realidade externa e interna. Quando a mente se acalma e tende ao silêncio sensorial, as imagens espontâneas que aparecem nessa atmosfera receptiva geralmente apresentam forte conotação artística, sendo inconfundivelmente límpidas e harmoniosas.

Tendo sua existência num espaço mental relativamente livre da densidade da concretude, quando são imagens visuais, elas se mostram por formas nítidas e delicadas, cores variadas e magníficas, brilhos suaves e chamativos, movimentos gráceis e fugidios, entre outros aspectos. Geralmente, são arranjos de grande beleza plástica. Às vezes, aparecem como imagens bem-estabelecidas num espaço mental representativo da tridimensionalidade; outras vezes, há apenas pigmentações e borrões coloridos. No geral, predominam as formas visuais, mas aparecem também imagens auditivas, olfativas e outras. Frequentemente, causam a impressão de ser figuras da realidade externa, mas não se confundem com as imagens da percepção, da memória ou do fluxo do pensamento. Tampouco são produtos da imaginação. Mesmo que tragam vestígios das experiências passadas, elas se constituem em criações novas, expressando aquilo que não havia sido antes notado ou percebido. Desse modo, em vez de se equiparar às experiências regressivas, à linguagem do processo primário e às alterações sensoperceptivas de tipo psicótico, essas imagens introduzem uma forma desenvolvida de comunicação.

Temos, por exemplo, a imagem visual de um pequeno canteiro das flores de um jardim. São flores nítidas e ressaltantes de violetas roxas e de cristas-de-galo. Nestas, as cores amarelo-avermelhadas, tomando a cena, esplendem na suave luminosidade de um dia ensolarado. As cores brilhantes sobressaem em atmosfera imaterial, mas são suplantadas pelo voo vivaz de uma borboleta amarela, quase surreal, que passa vertiginosamente. Nesse ponto, finda-se a cena imagética. Um outro exemplo, que não difere essencialmente em clareza e harmonia, é a imagem visual de um pedaço de jardim colocado sobre uma estrutura pergolada, que é coberta por folhas e flores de cores radiosas, glorificando-se na luz. Visto do chão, o magnífico arranjo culmina em tonalidades amarelo-claro e laranja--claro, cujo brilho suave cintila sem ofuscar.

Chama a atenção nessas imagens a clareza, a nitidez e a luminescência, que a percepção comum nem sempre consegue dar. Por vezes, elas sintetizam apreensões que recombinam experiências passadas em formas totalmente novas. Elementos anteriores, que estavam difusos ou ocultos, são reapresentados agora em sua pureza e em seu frescor. O *rêveur* de imagens descobre um mundo que antes não havia sido claramente percebido, e a natureza, em especial, mostra nas imagens uma linguagem parcialmente encoberta à percepção comum. O plano imagético principia por afastar um véu encobridor. Aquilo que a percepção superficial não realiza, é realizado por via das imagens espontâneas, que aprofundam o reconhecimento e o conhecimento do mundo. Quando este se clarifica à intuição imagética, a apreensão sofisticada e sutil representa a percepção real, que a percepção comum não conseguiu dar. Traduz-se por imagens uma apreensão anterior e difusa, que a dificuldade sensorial impediu a realização. Aparece com clareza não apenas o que não pôde ser percebido, mas também um mundo que, estando aí para ser decifrado e compreendido, não o foi suficientemente; por isso, ele retorna sob a forma de imagens. Por elas, algo profundo no seio da natureza se apresenta, transmitindo um conhecimento mais profundo da beleza, da graça, da sutileza e da abrangência do mundo em que vivemos. É o mundo, portanto, que dessa maneira se reflete em nós. As imagens mentais espontâneas mostram como o mundo deve ser visto em seu fundo existencial.

Então, imagens desse tipo aparecem no bojo do processo de superação da predominância de barreiras sensoriais. Isso significa que a mente se aquieta, cessando suas turbulências, ainda que momentaneamente. No silêncio sensorial da mente, as imagens mentais espontâneas surgem em leveza, abrangência e significação, dada a descompressão de sensorialidade. Elas se distinguem claramente das imagens mentais impregnadas de sensorialidade, a exemplo das alucinoses e alucinações. Se a mente se liberta de fixações sensoriais determinativas, tende a abrir-se à novidade e à surpresa, que são as marcas distintivas dessas imagens.

As emoções em estado livre necessitam de imagens para manifestar a sua liberdade. Reveladoras dos sentidos que a percepção e a compreensão não sabem oferecer direta e conscientemente, as imagens mentais espontâneas têm algo em comum com os sonhos noturnos. Estes raramente aparecem com a nitidez, a clareza e a graça dessas imagens, e normalmente necessitam de interpretação. Enquanto nos sonhos noturnos predominam emoções obscuras e difusas, as imagens, sendo produtos da não sensorialidade, normalmente se apresentam límpidas e puras. Se tanto os sonhos quanto as imagens compreendem aspectos desbloqueadores da mente, estas são mais livres, diretas e fluidas; portanto, são menos impregnadas de conflitos e outras dificuldades emocionais. Nada impede, porém, que em determinadas circunstâncias os sonhos se comportem como as imagens mentais espontâneas, fazendo sentir significados estetizantes de modo não sensorial. Afinal, tanto os sonhos quanto as imagens mentais espontâneas originam-se de fontes semelhantes, embora os primeiros se distingam, na maioria das vezes, por presença de sensorialidade. Contudo, ambos os processos têm por sustentação a necessidade de comunicação sob diferentes formas de contato com o *ser interior*.

Como vimos, um alto grau de contato com o *ser interior* coloca em primeiro plano a presença de um espaço mental livre, leve e solto, cujo fluxo espontâneo se abre a experiências imateriais. A não sensorialidade desse ser constitui um potencial de abertura à experiência, de onde se originam encontros com a realidade em níveis de maior profundidade e penetrância. Pode ocorrer que surjam experiências vivas, amplas e harmoniosas, refletidas como imagens mentais espontâneas. Realizando-se o contato em estado de mobilidade, as imagens espontâneas são expressões diretas da abertura instalada, razão pela qual elas apresentam disposições fluidas. Trata-se, antes, de disposições que se realizam pelo encontro da variabilidade, da versatilidade e da flutuação existentes no próprio mundo. A mobilidade psíquica comunica-se com a mobilidade da vida, tomada aqui como fenômeno fundamental do Universo e, desse modo, essas imagens são expressões da mobilidade existente, alcançada nos planos interiores e exteriores. A abertura mental encontra, assim, a profundidade viva e transformante do mundo, na dependência dos graus de contato com o *ser interior*.

Na órbita da não sensorialidade, a atmosfera predominante une ambos os lados, o interior e o exterior, na composição das imagens do mundo. Estas mostram figurativamente o estado do relacionamento, desde o espaço interno ampliado, no contato com o *ser interior*. É criada uma matriz interna para experiências. Contudo, tratando-se de experiências não sensoriais, a matriz não é um objeto interferente ao contato. Ao contrário, constitui uma lente de aumento da nitidez, da abrangência e da significação do mundo real, em que as imagens mentais espontâneas são veículos privilegiados desse encontro. Ver com o "olho interior" é uma decorrência da abertura ao colorido, ao brilho, à leveza, à abrangência e à majestade da realidade externa, que se dispõe a descobrir-se para nós. Como um rio flutuante, nossa interioridade reconhece as flutuações do mundo, e a harmonia interna se enternece com a harmonia externa, servindo a arte interior de catexia para o impulso de desvendamento da realidade exterior. Verificamos que o mundo real não se limita à objetividade mensurável e sensorial, mas é também uma evidência imaterial.

Desse modo, está visto que as imagens mentais espontâneas não são produtos das necessidades e dos desejos humanos; elas estão no âmago da apreensão da existência do mundo. Por elas, um mundo até então não reconhecido vem à tona da consciência do modo mais depurado possível. Às vezes, esse mundo se oferece na limpidez e na pureza dos movimentos e formas preternaturais. Assim, podemos dar um passo à frente na captação consciente do mundo, ampliando-lhe as significações. As imagens, nesse caso, geralmente não se dissociam da apreensão estética, sintética e transfigurada, porque em sua transparência profunda e imaterial o mundo se mostra desse modo.

Mais uma vez, numa imagem espontânea de jardim, um tufo de plantas entremeadas de flores compõe um conjunto refulgente, apresentando-se numa clareira de luminosidade intensa. O brilho faiscante é o que melhor se distingue em toda essa beleza multicolorida, impactando pela cristalinidade indescritível, como se as flores fossem joias refulgentes. A imagem banha a relação com o mundo, captando deste algo essencial: a existência imaterial. Aprendemos a ver melhor o mundo, se este se faz existir por imagens que são aberturas ao desvendamento da percepção. Por elas, temos um Universo que não é só sugerido, mas descortinado no horizonte daquilo que podemos descobrir. As imagens dizem: "olhe aí o que você ainda não viu, mas pode ver!". Um Universo que se apresenta vivo, colorido, puro e resplandecente. Uma síntese dos aspectos essenciais que a natureza em si mesma quer mostrar.

Se pudéssemos sempre perceber o mundo em sua existência virginal, certamente não precisaríamos das imagens mentais espontâneas para nos despertar. Se conseguíssemos ver o mundo real como o vemos em imagens, não teríamos necessidade delas para ampliar nossa visão e nossa compreensão. Porém, os nossos embaraços e engramas prévios nos condicionam a concepções e prismas que dificultam ou impedem o acesso direto à profundidade e à sofisticação do mundo. Ao nos ser ele apresentado ou reapresentado por via das imagens, defrontamo-nos com a surpresa da comunicação de um estado desenvolvido, refinado e abrangente da realização alcançada pelo ser humano em seus processos evolutivos. O que se aperfeiçoa na evolução não são somente os mecanismos de adaptação e de sobrevivência, mas também as próprias capacidades de sintonia fina, tanto com o mundo externo quanto com o mundo interno.

Parte III
A fantástica constituição da mente

14. O ser interior, o *self* e a questão do contato

Pelo fato de haver um ser na interioridade humana, sendo esta saturada de sensorialidade e de outras formas de interferências ao contato com esse ser, é necessário distinguir o que diz respeito à realização do contato e o que se instala sob predominância do distanciamento de contato. Já tenho apontado algumas características do *ser interior*, tanto sob os efeitos do contato efetivo quanto sob o distanciamento de contato. Neste último caso, a ação do ser profundo é suplantada pela presença de elementos que lhe são estranhos ou mesmo opostos e hostis. Não se trata somente de haver distorções ao contato, mas implica sobretudo a noção de realidade, a significação da existência e toda a relação com o mundo. É preciso nos determos nas condições da mente para verificar em que medida a explicitação da dinâmica psíquica revela um conjunto de fatores significativos, cujas atividades dão sustentação à vida humana, lutando contra a desorganização, a destrutividade e o aniquilamento. O êxtase está contido na plena manifestação do ser, apesar dos obstáculos e interferências que se lhe opõem e ofuscam o seu fulgor.

Considerando as características do *ser interior*, elas se manifestam na singularidade da individualização, que contém unidade, autonomia, indivisibilidade, inteireza, coesão, continuidade e auto-organização. Como vimos, por se tratar de um núcleo vivo na interioridade, o ser comporta simultaneamente estrutura e abertura, permanência e fluidez, ancoragem e plasticidade, estabilidade e liberdade, adaptação e aspiração. Insisto no fato de que, como princípio primordial, ele define a identidade pessoal e se estabelece como organizador central, discriminando-se de outros elementos, fatores e componentes psíquicos. E na condição de eixo psíquico, busca exercer o comando, a harmonização e a integração das diferentes partes da mente e das relações com o organismo, com os objetos internos e com o mundo externo.

Assim, como realidade primária preexistente ao nascimento, o *ser interior* é uma matriz de existência que conduz a correnteza de vida, compondo os fundamentos da pessoa e definindo-a como tal. Ligado ao fato básico da vida, estabelece-se como centro de sustentação interna e responde por referências básicas e essenciais. Tudo isso concorre para a identificação de uma presença mental única, que a pessoa tem de si mesma, na qual se incluem o autorreconhecimento pela experiência de existência própria e os vários níveis da noção de si. Daqui se seguem clarificações, em graus, das experiências de a pessoa ser verdadeiramente quem ela é, distinguindo-a do que ela não é.

Como núcleo central e organizador, o *ser interior* discrimina-se das forças conflitivas, desestruturantes e caóticas que concorrem na interioridade. Além de se constituir em centro vital, gerador de vida, ele responde pela mobilidade psíquica, que é um fluxo livre, uma tendência permanente ao movimento e uma expressão ampla em relação à vida e ao viver. Como foi dito, a mobilidade origina-se da abertura do espaço mental, em consequência da não sensorialidade do *ser interior*. Desse modo, realiza-se a função básica e elementar de inserção da pessoa no mundo, que consiste nas experiências vinculares e suas expressões espontâneas e criativas. Essas experiências não se dissociam da tendência à harmonização do todo psíquico e da integração com a realidade externa. A energia psíquica é posta a serviço da presença unificadora e autônoma desse ser, em suas funções comprometidas com os processos vitais de inserção e de expansão. Dessa referência primeira, solidifica-se o reconhecimento da realidade em geral, visto que, sendo estabelecida a realidade interior, há parâmetros para o reconhecimento da exterior.

O *ser interior* é, portanto, um núcleo original de identificação da pessoa, que subsiste a toda mudança, ainda que ele próprio possa mudar sem que perca suas características essenciais e distintivas. Assim, estabelece-se a constância em face da variabilidade do processo de viver. Passam pelo ser profundo o fluxo interminável das diferenças e o movimento incessante da vida, sem que o descaracterizem, pois, em sua abertura não sensorial, ele se mantém em sua existência livre, leve e solta como a brisa. Não há dicotomia entre ser e existência, porque esta, sendo vida, é indissociável daquele, e ambos participam de uma única realidade. Em todos os níveis de suas manifestações, o contato com esse ser mobiliza o núcleo gerador de vida e, desta, as significações.

A natureza provê à criatura humana não só o *ser interior*, mas também o *self*, como instâncias psíquicas diferentes. Com propósitos de preservar a identidade em sua formação original, a evolução alcançou, em suas metas, a criação de uma instância psíquica diferenciada, o *self*, em que se localizam e se dinamizam os elementos e processos variáveis, alteráveis, mutáveis, inconstantes e aleatórios. A fascinante emergência do *self*, nos caminhos evolutivos, deixou o *ser interior* relativamente incólume, como entidade psíquica, em face da miscelânea e da confusão que envolve a concretude dos conflitos e dos embates relativos à tarefa de viver, reservando a uma instância em separado a função de ser depositária dos desgastes, das vicissitudes e das turbulências. Por outro lado, essa solução criou situações propiciadoras de novos conflitos, confusões e ambivalências, justamente quando se embaralham as ações do *ser interior* e as do *self*.

Em que consiste o *self*? Em primeiro lugar, o *self* é um campo de ocorrências, em que as manifestações são variáveis, mutáveis, versáteis, incoerentes, paradoxais e infinitas. Nele, as partes são inumeráveis, compostas por aspectos, segmentos e elementos que podem estar separados ou reunidos, assumindo *le devant de la scène* ou, então, permanecendo nos bastidores. Como entidade multifacetada, seu substrato depende da deposição e da permanência de componentes de todo tipo, originários do corpo, do mundo externo, das instâncias psíquicas, dos objetos internos, das pulsões e da correnteza de experiências, entre outros aspectos. Ele é permeável aos direcionamentos dados pelas emoções, sejam momentâneas ou constantes, representativas dos conteúdos psíquicos. Além de ser órgão de ressonância, recepção, absorção, assimilação, acumulação e fixação de conteúdos, no *self* ocorrem as dinâmicas dos conflitos, dos embates, dos comprometimentos e das turbulências, em que alguns aspectos se destacam sobre os demais. Desse modo, processam-se as incorporações, as seleções, as eliminações e as estabilizações de conteúdos, cujos resultados dependem do que vier a predominar. Isso significa que, por vezes, alguns conteúdos se alojam e exercem funções de modo relativamente consolidado, enquanto outros permanecem em estado de instabilidade e de conflito. Sendo a maleabilidade uma característica marcante do *self*, nele as posições móveis se deslocam, os elementos variáveis se combinam ou se degladiam, as composições e os arranjos se sucedem, mas também as sínteses se verificam. Não raro, a primazia relativa de certas constantes se impõe, podendo ou não constituir processos rígidos e petrificados.

O *self* é um continente em movimentação no qual se operacionalizam as funções gestionárias. Os aspectos que predominam podem exercer atividades mandatórias. São, por exemplo, os aspectos relacionados ao ambiente social, religioso, cultural, político ou familiar, assim como as influências midiáticas e outras. Seja como for, no conjunto, o *self* é um órgão de consecução da existência da pessoa e, operando a diversidade das partes, é um meio pelo qual se efetiva a maquinaria psíquica. É, também, um órgão de efetivação da comunicação e dos relacionamentos em vários níveis, dando conta dos processamentos em curso, seja ou não em conformidade com o *ser interior*. Nesse sentido, coloca-se globalmente como instância mediadora, destinada à instalação e à manutenção das condições concretas do indivíduo no mundo. Por essa razão, dada a sua polissemia e a abrangência de suas atribuições, o *self* muitas vezes é equiparado ou confundido com o *ser interior*.

Entretanto, o aspecto principal a se considerar nas relações entre o *self* e o *ser interior* é o contato que com este se realiza e o distanciamento de contato. Como as relações entre ambos dependem do estado do contato, tanto o contato efetivo quanto o distanciamento de contato têm repercussões sobre o *self*. Na verdade, as diferentes modalidades de *self* que se formam e se mantêm, bem como grande parte de seus processos internos, estão em relação com os graus de influência, presença e ação do *ser interior*. Se o *self* recebe elementos, componentes e processos provenientes de toda parte, é o estado do contato que vai determinar a natureza de sua dinâmica e de suas atividades. O *self* depende da presença em graus de luz ou de sombra lançadas pelo contato com o *ser interior* sobre ele. O contato com esse ser estabelece ou não a efetividade da existência de "alguém" interiormente, que responde ou não pela genuinidade e pela significação dos processos e experiências mentais. Em caso negativo, o funcionamento do *self* independentemente do *ser interior* pode se tornar caótico. Afinal, tudo no *self* depende do estado do contato.

Alguns exemplos podem ser elucidativos. Sob o comando do *ser interior* sobre o *self*, os vínculos têm a profundidade e a autenticidade desse ser; caso contrário, são superficiais, falsos ou inexistentes. O próprio corpo, ao receber os influxos da presença desse ser, tende a se organizar, assim como as noções de tempo e de espaço; se não os recebem, desorganizam-se. A ação do *ser interior* constitui referências para situar a pessoa perante os conflitos no *self*, tendo por fundamento aquilo que realmente a ela diz respeito. A questão da multiplicidade das faces do *self* resolve-se pela discriminação da pessoa real, feita pelo contato com o próprio ser. Daqui se estende para a articulação e a organização do *self*, dadas pela presença estruturada e estruturante do *ser interior*, que nele se manifesta. De modo geral, ao receber em graus elevados a luz do *ser interior*, a não sensorialidade deste determina maior limpidez do *self*, que se clarifica para a recepção e o acolhimento do mundo interno e externo.

Da perspectiva do distanciamento de contato, o *self* é tomado, em graus, pela instabilidade, pela turbulência, pela desestruturação e, até, pelo caos, dado que não há harmonização possível sem a ação efetiva do *ser interior* sobre ele. Graus elevados de distanciamento fazem a mente se esgotar de energia vital, preenchendo-se o *self* de elementos fragmentários e desconexos, com tendências à angústia de inexistência, que se verifica especialmente nos casos graves de pânico.

Como há gradações no estado do contato, podem-se considerar três níveis distintos: a) *contato oclusivo*, em que o *ser interior* exerce influência bastante reduzida sobre o *self*, havendo desestruturação em grandes áreas da personalidade, que são invadidas por partículas primitivas, densas e virulentas, próprias das personalidades psicóticas; b) *contato inconsciente*, em que a organização e a dinâmica da personalidade sofrem os efeitos dos processos inconscientes, pelo fato de que os comandos exercidos no *self* pelo *ser interior* são predominantemente inconscientes e, portanto, saturados de perturbações e conflitos, associados às personalidades neuróticas;[1]

---

1 Neste texto, os termos "personalidade psicótica" e "personalidade neurótica" são empregados conforme Bion (1966).

c) *contato consciente*, em que há maior visibilidade consciente à ação do *ser interior*, predominando a experiência de existência própria, o aumento da discriminação e da clareza dos fatos, assim como a tendência à harmonização, que podem resultar em expansão de consciência.

A cada nível de contato corresponde determinada configuração da noção de si mesmo. Naturalmente, em estado consciente, essa noção tende a se tornar bastante ampla, em consequência de o *self* se achar sob maior influência do contato com o *ser interior*. No estado inconsciente, porém, a ação desse ser é menor do que no estado precedente, resultando em noção de si mesmo permeada por processos inconscientes. No estado oclusivo, a noção de si mesmo torna-se grandemente afetada, pelo fato de o *ser interior* estar na invisibilidade tanto à consciência quanto ao próprio inconsciente.[2] Apesar de tudo, é notável constatar que o *ser interior* não cessa jamais de existir enquanto a pessoa viver e, sendo assim, sua voz, sua função e sua ação podem ser sempre reencontradas. A questão do contato passa a ser, então, fundamental.

Vemos assim, com que requinte a mente humana constrói disposições evolutivas complexas, para sua realização no seio de um Universo aberto às oportunidades. A dinâmica que ocorre entre o *ser interior* e o *self* é das mais importantes para a construção dos processos evolutivos da espécie. Se no primeiro concentra-se o eixo da individualização, no segundo primam as relações em que a plasticidade e a amplitude das escolhas permitem que se tornem construtivas ou destrutivas, amplas ou restritas, eficazes ou ineficazes, adaptativas ou eliminativas. É no *self* que sucede o jogo de forças no qual concorrem todas as possibilidades existentes.

---

2 Para mais detalhes, ver: Trinca, 2007; 2011.

15. O lado obscuro, destrutivo e caótico

Ao pôr em evidência o êxtase das coisas, corre-se o risco de dar a falsa impressão de que se vive no Éden e de ignorar todo o sofrimento, o mal, a destruição e o horror. Morin (2017, p. 57) disse que "todos os filósofos de um mundo harmonioso não veem nele senão um aspecto e ignoram a tragédia". Uma crítica atenta diz que a natureza e o ser humano realizam os aspectos mais evoluídos, mas estes não se dissociam do lado obscuro, trágico e aniquilador da existência. Ninguém em sã consciência poderia negar essa crítica. O lado desfavorável e destrutivo, que perpassa por tudo, necessita ser examinado e compreendido, pois dele eclodem movimentos em prol da vida e da criação. Do mesmo modo que se torna impensável eludir a destrutividade e negar a tragédia, é inconcebível a recusa do reconhecimento da magnífica obra que a natureza alcançou em seus processos, de que resultaram a fascinante estrutura e a formidável dinâmica da mente humana.

Por meio da questão do distanciamento de contato com o *ser interior*, tocamos o aspecto mais significativo, que é a contradição existente entre a construtividade e a destrutividade no ser humano.

Em psicanálise, o lado destrutivo e caótico tem nome: pulsão de morte. É extremamente útil que seja examinada, porque na maioria das vezes a pessoa é levada inconscientemente a ela, que deve se tornar consciente. Uma das funções principais da pulsão de morte é afastar a pessoa do contato consigo própria.

Como? A principiar pelo ódio e pelo ataque a tudo o que é vivo e criativo. Se há um centro vital e organizador que afirma o infinito valor da vida sobre o infinito movimento de sua destruição, é contra o organizador central que se dirigem as tentativas de sufocamento, desmantelamento e aniquilamento. Nesse ponto, podemos reconhecer que se aplicam à mente humana os mesmos processos gerais que se encontram em todo o Universo. Isso foi admitido e desenvolvido por Sigmund Freud, sistematizador do conceito de pulsão de morte na psicanálise, mas também por Melanie Klein e por outros autores que se lhes seguiram, como Heimann, Segal, Tinbergen, Fletcher, Ricoeur, Laplanche e Green. A pulsão de morte inspirou um notável desenvolvimento da psicanálise, apesar de sua aceitação não ser unânime entre os psicanalistas, a exemplo de Winnicott. Para muitos, ela é apenas um constructo teórico, aceito com restrições. Por essa razão, apresentamos um fator clínico derivado diretamente da pulsão de morte, denominado constelação do inimigo interno, tendo por função privilegiar a observação clínica de determinadas constantes que aparecem no atendimento e descrever os seus efeitos. A constelação enfeixa uma série de elementos dispersos na psicanálise e permite operar praticamente com eles no contexto clínico. Se a pulsão de morte constitui um notável arcabouço teórico, a constelação designa um conceito prático e um fator discriminativo auxiliar, pelo qual a análise pode se efetivar. Além disso, o conceito de constelação do inimigo interno insere-se em um modelo geral que propomos, fazendo sentido por se destacar claramente de outros fatores, como a regressão e a fragilização do *self*, que são efeitos dessa pulsão de morte, em vez de serem determinantes desta, como veremos (Trinca, 2007; 2011; 2016).

Inúmeros são os componentes da constelação do inimigo que respondem pelos ataques; justamente por isso, ela é designada como constelação. Destacam-se, entre outros, a autoinveja, a autorrejeição, as figuras primitivas cruéis e rejeitadoras, os impulsos sádicos contra os objetos, o superego arcaico e taliônico, a destrutividade sádica original, os estados de culpabilidade essencial ou fundamental, as expectativas irrealistas destinadas ao fracasso e, especialmente, o ódio à realidade interna e externa. Quanto ao ódio, reúne antagonismos a tudo o que existe, vive e é real. De modo geral, a constelação atua por ataques destrutivos contra os vínculos, incluindo-se o contato com o *ser interior*. Por vezes, observa-se clinicamente que ela assume uma posição central no *self*, de que a pessoa se torna refém e prisioneira. O contato aniquilado, o amor à vida sufocado, o senso de realidade desfeito, a experiência de criação impedida e a redução das sensações de existência à inexistência são alguns dos aspectos a que conduzem os ataques no plano interno, com efeitos sobre os relacionamentos externos. Resultados devastadores são visíveis não apenas nos indivíduos, mas também nas sociedades humanas. A infelicidade que ocupa o centro da mente cria desequilíbrios, turbulências, perturbações e violências de todo tipo.

Sendo uma ação francamente destrutiva, a constelação do inimigo exerce seus ataques a partir de uma interioridade predisponente, por conta do histórico de vida, dos conflitos instalados, das vicissitudes sofridas e, enfim, de todo o contexto psicológico, biológico e social. No conjunto, torna-se possível distinguir em psicanálise o que corresponde às características da constelação, cujos significados são destrutivos, dos efeitos que elas produzem sobre o *self*. Em função dos ataques, o *self* fragiliza-se ou é ocupado por diferentes tipos de sensorialidade, dentre os quais se encontram os estados de inércia, desligamento, corte nos vínculos, implacabilidade e repetição congelada, apontados por Pontalis (1989). Foi necessário construir um modelo geral para a identificação da ordem dos fatores antecedentes e consequentes nas manifestações das perturbações psíquicas (Trinca, 2007; 2011). Sem dúvida, os ataques destrutivos da constelação estão na categoria dos principais componentes que, incidindo sobre o *self*, determinam a diversidade dessas perturbações.

Em um modelo clínico que leve em conta as dimensões práticas do atendimento, certamente a constelação se coloca como um fator antecedente, entre outros, devendo ser estudada sob diferentes níveis de lesividade. Ela compreende sucessivos estágios e engloba uma multiplicidade de elementos. Numa sequenciação, cada estágio corresponde a um grau mais avançado de comprometimento, englobando o estágio precedente. Assim, temos o domínio progressivo da constelação, caso ela consiga suplantar, em graus, a influência do *ser interior* sobre o *self*. Alguns estágios são mais bem percebidos:

1. *Dúvidas e descréditos*. A pessoa duvida de si e desacredita da própria mente, alimentando desconfianças a seu respeito, que afetam a autoconfiança e a capacidade de prontidão para o enfrentamento das questões da vida cotidiana.

2. *Autodepreciações*. Estão incrementadas, neste estágio, críticas e condenações sistemáticas, que resultam em desvalorizações, ridicularizações e desprezos da pessoa contra si mesma, geralmente por causa de severidade na consideração dos erros, enganos e equívocos reais ou imaginários.

3. *Desqualificações amplificadas*. Trata-se da continuidade dos ataques precedentes, que são pontuais, sendo agora generalizados a ponto de afetar as noções de si mesmo em nível profundo. A mente é sentida como desqualificada para manter o sentimento de posse de si mesma por conta de autorrejeições expandidas.

4. *Autoinvalidações.* Aqui se caracteriza com maior propriedade o núcleo principal dos ataques, que se intensificam contra o contato com o *ser interior* e deixam a pessoa praticamente desprovida de forças para a sustentação interna. Ela acaba por se sentir nulificada, estragada e imprestável.

5. *Alastramento do sistema de ataques.* A ampliação crescente dos ataques atinge a personalidade por inteiro, levando de roldão as convicções nos próprios pensamentos, percepções e emoções, que se embaralham ou se esvaziam, rumando para um buraco negro. Os ataques contra a pessoa são dimensionados, também, contra o mundo externo.

6. *Bandeamento para o inimigo.* A constelação do inimigo interno assume um lugar central, impondo-se no *self* como representante da personalidade, que se torna refém do sistema de ataques. Sua fala, sendo a do inimigo, é creditada como se fosse da própria pessoa, que caminha para a autodestrutividade mais cruel possível e para a destruição dos vínculos com a realidade externa.

7. *Estágio de autoaniquilamento.* A personalidade é equiparada a algo completamente estragado, envenenado e destruído, agora e sempre. Emoções globais relativas a impossibilidades e fracassos impedem as retomadas de contato, que fica em alto nível de oclusividade. Dadas a anestesia, a neutralização e a paralisação que se apossam do *self*, o colapso faz-se iminente. A pessoa sente-se repleta de malignidade e, para ela, nenhuma reparação é possível.

Como foi dito, os estágios mencionados da constelação guardam relações com os graus de distanciamento de contato. Sendo um componente intrínseco da mente, ao ser ativado, o ódio volta-se contra os vínculos com a realidade interna e externa. Pelos ataques, a constelação, em seu percurso, consegue determinar os rumos das relações, tanto do indivíduo consigo próprio, quanto com o ambiente de que ele faz parte.

No entanto, a constelação não é o único fator a causar o distanciamento de contato. Outros fatores concorrem com ela, talvez em escala reduzida, na dependência do que cada indivíduo põe em movimento. Pode ocorrer que o móvel do distanciamento se centralize em questões menos contundentes e os efeitos patológicos sejam menos graves. Temos, por exemplo, situações em que a pessoa: a) submete-se a ameaças, injunções e condições desfavoráveis ou difíceis no mundo externo; b) sujeita-se a influências sérias de culturas, religiões, ambientes sociais, escolares, familiares, políticos e econômicos, entre outros; c) encontra obstáculos e condições difíceis de interiorizar-se e de personalizar-se; d) esquiva-se aos enfrentamentos necessários de desafios, problemas e sofrimentos; e) concorda com aspectos ofensivos à sua dignidade humana ou à dos demais; f) não tem noções claras do que lhe é importante; g) envolve-se em estimulações incompatíveis com seus níveis de tolerância; h) age em função de identificações discrepantes de sua verdade existencial, e assim por diante.

Apesar da existência de muitos outros fatores, a constelação do inimigo interno é a força, movida pela pulsão de morte, que tem por denominador comum a instalação sistemática dos ataques. Seus resultados são discerníveis em todos os sentidos da palavra violência, aplicada aos seres humanos. Enquanto a pulsão comumente permanece em plano invisível, seus efeitos a denunciam como constelação, com todos os sofrimentos que acarretam. Especialmente aqueles que se distinguem por ofuscar a visão real das coisas, operando contra o amor à vida e contra a própria vida, onde quer que esta se encontre. Ao atacar os vínculos, são destruídas as significações e, em consequência, não restam da realidade mais do que escombros, incluindo-se o próprio fato de haver existência e de esta ser um fenômeno extraordinário, magnífico e inexplicável.

16. A bela regularidade do conjunto

É evidente que a constelação do inimigo interno exerce influências diferenciadas sobre o *self*, de acordo com as particularidades de cada pessoa, com a natureza e os graus dos ataques e com os desfechos de conjunto. Por isso, é importante haver um modelo geral que dê conta do que se passa na mente quando a constelação ou outros fatores atuam, ocasionando o distanciamento de contato com o *ser interior*. Pela predominância do distanciamento de contato, há graus de desequilíbrios, desarmonias, quebras e rupturas na vida mental, de modo que se pode formular o princípio de que quanto menor for o grau de contato, maior será a desarmonia psíquica e, inversamente, quanto maior for o grau de contato, maior será a harmonia psíquica. Esse princípio é a base de um modelo geral de compreensão dos fenômenos que estou considerando. O modelo parte da constatação de que a experiência de si mesmo em inteireza constitui uma referência, a partir da qual, por um lado, a pessoa pode se afastar, em graus, do contato consigo própria, assim como, por outro lado, desde essa referência, o contato pode se ampliar, resultando em expansão de consciência.[1]

1 Para uma descrição mais ampla, ver: Trinca, 2007; 2011.

Deixarei para depois as observações sobre a expansão de consciência. No momento, é possível verificar o aparecimento de uma sequência de fatores em consequência do distanciamento de contato. Convém examinar a ação dos fatores principais (além da constelação e do próprio distanciamento) que são: a fragilidade do *self*, a angústia de dissipação do *self* e a sensorialidade. Esses fatores estão intimamente relacionados às perturbações psíquicas, embora o distanciamento em graus menos elevados não implique necessariamente comprometimentos psíquicos. É a interação desses cinco fatores, contendo cada qual seus conteúdos específicos, que responde principalmente pelas dinâmicas dos desequilíbrios e das desarmonias nas relações internas e externas da pessoa.

De que modo? Pelo distanciamento de contato, o *self* torna-se dependente de manifestações tanto da fragilidade quanto da sensorialidade. Elas ocorrem em graus, sendo que a fragilidade sempre precede a sensorialidade numa ordem hierárquica. Aliás, a hierarquia é seguida desde a anterioridade da constelação do inimigo interno sobre o distanciamento de contato e deste sobre a fragilidade. Em virtude de ser retirada, em graus, a influência e a ação do *ser interior*, os conteúdos vitais deste se esvaem, bem como a eficácia do eixo psíquico, resultando em debilitação ou desestruturação do *self*. Consequência imediata é o aparecimento, também em graus, da angústia de dissipação do *self*. Como se sabe, esta não é a única forma de angústia, mas sem dúvida é a mais importante. Ela aparece em todos os graus da fragilidade, sendo tanto maior quanto mais elevados forem os graus desta. Em graus maiores, surgem nitidamente as sensações de inexistência, porque a angústia, desde o início, ruma para um buraco negro de dissolução da individualidade. Trata-se, aqui, do terror de passagem à inexistência, quando o contato com o *ser interior* se acha muito prejudicado e o *self* bastante enfraquecido. Nas proximidades do buraco negro, para a pessoa, as noções de si mesma parecem se extinguir e, assim, tudo pode acontecer, numa voragem ao *self*, sob grandes dificuldades de controle. Em vez do ser, há sensações de indeterminação e de vazio, que podem levar ao sentimento de aniquilamento. Para cessação da fragilidade e da angústia, a pessoa teria que experimentar a presença do próprio ser, porque aqui se encontra um centro norteador que lhe assegura a existência de si mesma e da realidade interna e externa.

Todavia, como essa situação é realmente insuportável, e não sendo possível a retomada do contato, a pessoa poderá encontrar meios de afastar, eludir ou eliminar a angústia por intermédio da sensorialidade. O espectro desta é muito amplo, compreendendo configurações múltiplas, sejam ou não estritamente patológicas, na dependência dos graus de fragilidade. Na "escolha"[2] pela sensorialidade, os graus desta correspondem aos graus daquela, visto que a sensorialidade ocorre na medida do justo atendimento de uma necessidade de aprovisionamento alternativo. Já vimos que ela consiste numa tendência de objetificação e de factualização dos dados da realidade interna e externa, de tal modo que, uma vez instalada, ocupa um aspecto central do *self*, em diferentes graus de operatividade. Por exemplo, são compostas por ingredientes sensoriais as atividades compulsivas de tipo antissocial, ideológico e dogmático, mas também as formas de drogadição, de obsessividade, de compulsividade e de condicionamentos psicológicos, que incluem aspectos nefastos ou destrutivos. Não estão excluídas a ganância, a inveja e a indiferença ao outro. Em grande número de casos, a sensorialidade torna-se uma concretude intensificada e avassaladora, representada pelo que Bion (1966) chamou de elementos-beta. Neste caso, não é incomum que a psicose se instale e se mantenha, pois a sensorialidade, em dimensões amplificadas, espalha-se pelas relações com os objetos internos, com o organismo e com o mundo externo. Embora seus produtos sejam originalmente estranhos à

2 As aspas são usadas em virtude de a escolha ser predominantemente inconsciente.

pessoa, passam a ser vividos como se fossem próprios, em vez do contato com o ser profundo.

Vemos que os fundamentos da ocupação sensorial do *self* são constituídos por uma falta, originária da fragilidade. Nem sempre, porém, a fragilidade chega a se instalar plenamente, porque às vezes a sensorialidade vem a se antecipar justamente para escamoteá-la. Permanece, contudo, a regra segundo a qual quanto mais elevados forem os graus do distanciamento de contato, mais elevados serão os graus da fragilidade e da sensorialidade. Essa regra se aplica igualmente às manifestações decorrentes tanto de uma quanto de outra. A fragilidade é composta por duas espécies, que são o enfraquecimento e o esvaziamento do *self*. A sensorialidade, por sua vez, é composta por quatro tipos: sensorialidade básica, que pode se intensificar; sensorialidade produzida por preenchimento substitutivo; sensorialidade produzida por corte e exclusão; e sensorialidade produzida por ataques.

Temos, então, o enfraquecimento e, a seguir, o esvaziamento do *self*. O primeiro refere-se a graus mais baixos e o segundo a graus mais elevados de fragilidade do *self*. São exemplos de enfraquecimento as inconsistências, as dispersões e os desenfoques na personalidade. Em relação ao esvaziamento, encontram-se estados de alheamentos, de esburacamentos e de engolfamentos, assim como ansiedades extremadas. Quanto mais elevados forem os graus de esvaziamento, mais se aproximam do terror de passagem à inexistência, que caracteriza a personalidade fóbica (Trinca, 1997; 2006b). O pânico é uma situação que ocorre quando a angústia de passagem à inexistência atinge a incomunicabilidade da pessoa consigo própria. Essa é uma questão emblemática, visto que o distanciamento de contato, o esvaziamento do *self* e a angústia de dissipação do *self* alcançam graus máximos nas proximidades ou nos pontos culminantes do buraco negro. Em sua globalidade, a mente é posta em xeque, desprovida de compensação sensorial suficiente para dar conta da situação.

A pessoa torna-se presa de um sistema associado às sensações de inexistência; por isso, acredita que não há em que se fundamentar para suas relações com a vida.

Vemos, portanto, que o esvaziamento do *self*, em particular, e toda fragilidade, em geral, fazem apelo aos meios de se furtar da angústia que, desde os estágios iniciais, caminha para um desfecho insuportável no buraco negro. Assim, a sensorialização da mente constitui um assunto de magna importância. Como se apresentam os vários tipos de sensorialidade?

Sensorialidade produzida por preenchimento substitutivo. Tem a função de instalar e de acumular elementos cujas propriedades concretistas causam a impressão de haver substitutos eficazes à fragilização, pois provocam as emoções da presença de objetos sensoriais, em vez das patologias de falta, vazio e inexistência. Praticamente, todo objeto pode ser conduzido à sensorialização, que consiste numa atitude mental. Nisso se incluem desde o consumismo, o entretenimento, o atarefamento e os jogos compulsivos até as formas mais graves de drogadição e de destrutividade antissocial, esta implicada na identificação com o poder. Passam por esse tipo de sensorialidade o falso *self*, o narcisismo e o transtorno obsessivo-compulsivo. Geralmente, uma existência postiça toma o lugar da verdadeira, mesmo que sejam apenas sob as formas extravagantes dos condicionamentos psicológicos.

Sensorialidade produzida por corte e exclusão. Aqui, diferentemente da sensorialidade precedente, são empregados os clássicos mecanismos de cisão, dissociação, forclusão e fragmentação, entre outros, com a finalidade de neutralização ou eliminação da angústia de dissipação do *self*. Não se trata apenas de evitação e impedimento dos impulsos, e sim de tornar nulos os movimentos capazes de provocar angústia. Nesse caso, a vida mental acaba por ser amplamente afetada, sendo atingida pelo afastamento ou pela expulsão das ligações. Basicamente, esse tipo de sensorialidade é um efeito de recusas, supressões, anulações, banimentos, neutralizações, rupturas e extinções de toda ocorrência mental suscetível de sofrimento, por isso são alcançados em larga escala os vínculos internos e externos. Um apaziguamento pode ser encontrado na neutralização, na paralisação e na anestesia, sustentado pela tendência de reduzir tudo a zero, na qual nada se quer, nada se tem e nada importa. *In extremis*, nada do que existe tem qualquer valor. Os ingredientes dessa sensorialidade são encontrados em elementos desvitalizados, esgotados, moribundos e mortos, na dependência dos graus do distanciamento de contato com o *ser interior*. O *self* é preenchido por produtos desvinculados de elementos vivos e vitais, que se acham distribuídos gradativamente, desde os estados mais simples da negação de desejos até os mais graves da catatonia. Em graus, encontram-se os estados de evasão, supressão de emoções e esquizoidia; mas também, em níveis mais avançados, os estados paranoides, a psicose branca (segundo a descrição de Donnet & Green, 1973), a bipolaridade (especialmente as reações maníacas) e a esquizofrenia, entre outras manifestações. Algumas vezes, as áreas mentais são parcialmente atingidas; outras vezes, são afetadas globalmente, aparecendo como áreas praticamente desérticas de vida interior, seguindo a tendência ao inanimado. Uma tendência na qual a pessoa se livra parcial ou totalmente da angústia de dissipação do *self*, mas se satura de partículas densas, primitivas e virulentas, que podem ser associadas, em graus elevados, aos delírios e às alucinações.

Sensorialidade produzida por ataques. Neste tipo de sensorialidade, os ataques são perpetrados pelos objetos de amor que, por não reconhecerem a validade da pessoa, se transformam em objetos de ódio. Trata-se de uma sensorialidade tipicamente kleiniana, baseada nas relações de objeto. O ponto de partida é constituído, também, pelo distanciamento de contato, com as consequências já conhecidas de fragilidade e de angústia de dissipação do *self*. Em face disso, para não sucumbir, a pessoa opta pela busca e pelo encontro de seus objetos de amor na tentativa de obter deles bons olhos, proteção, reconhecimento, amparo e afeto. Mas, ao contrário do esperado, ela encontra rejeição por parte dos objetos. De modo geral, o conflito se dá na luta pela obtenção de amor *versus* o afastamento amoroso dos objetos, que são sentidos como distantes, frios, impessoais e, assim, cheios de animosidade contra a pessoa. Esta, em vez de se sentir válida e digna de ser amada, o que faria diminuir o distanciamento de contato, experimenta abandono por parte dos bons objetos, que se lhe tornaram hostis. Em consequência, tendo por ponto de partida essa situação peculiar, torna-se possível todo tipo de desenvolvimento patológico. A pessoa poderá se sentir injustiçada e revoltada, mas também envergonhada, culpabilizada ou merecedora de castigos. Também poderá se convencer daquilo que os objetos a fazem crer. Normalmente, ela tenta ser boa ao mesmo tempo que se acusa de ser má. Nos casos mais graves, tem que se haver com as figuras monstruosas que forma de si mesma. Em princípio, tanto a fragilidade quanto a angústia de dissipação do *self* se convertem nessa nova forma de conflito, em cuja base se acha o estado de desamparo produzido pelos objetos rejeitadores e hostis. O sentimento de solidão segue-se do desamparo desde que a pessoa se sinta sozinha, abandonada e desprotegida. Lembremo-nos de que ela não conta plenamente consigo própria em razão do distanciamento de contato. Tudo ocorre em graus, como nos demais tipos de sensorialidade. Então, quanto maior for o estado de desamparo diante dos objetos, maior será o grau da sensorialidade de ataques. Esta é constituída, justamente, pelo nível de presença dos objetos internos investidos de animosidade, que se apresentam em conformidade com os graus em que perderam suas características amorosas. Eles serão tanto mais virulentos quanto menos afetivos e calorosos se mostrarem.

Qualquer que seja o grau desse tipo de sensorialidade, torna-se possível investigar a função dos objetos primários na vida da pessoa, em termos de desamor e rejeição precoces. Por isso, a busca de amor é interminável, assim como é sem fim a repetição inconsciente do estado de privação afetiva. De qualquer modo, o *self* repleta-se desses objetos e, refletindo-se hoje, a sensorialidade ocupa regiões centrais, que determinam várias modalidades de patologias. A pessoa enreda-se nisso, como um sistema ativo, formando centros nevrálgicos. Na clínica psicanalítica, geralmente aparecem sob a forma de processos depressivos, cuja gravidade varia de acordo com os graus da sensorialidade. Nos graus mais avançados, temos, por exemplo, a depressão psicótica e, nos mais baixos, a depressão por perda do objeto. Não se excluem a depressão por conta de objeto ideal inalcançável, nem a depressão por culpabilidade neurótica, cujo objeto superegoico é associado a autodesprezo, autodesqualificação e autodesvalorização. Há infindáveis outras manifestações, sempre em correlação com os graus assumidos pela sensorialidade, em função dos graus de distanciamento de contato.

Não é demasiado insistir no fato de que a sensorialidade produzida por ataques tem a propriedade de para ela se transferir e nela se localizar o conflito psíquico, retirando-o da esfera da fragilidade e da angústia de dissipação do *self*. Contudo, mesmo que seus produtos finais possam realimentar a constelação do inimigo interno, os ataques dos objetos internos não equivalem nem se confundem com os ataques da constelação, que provêm de outra dimensão. Um panorama permite afirmar que, ao criar um novo conflito, a transferência do conflito original (que leva ao distanciamento de contato) resulta em novas formas de ataques, próprios da sensorialidade, sendo que a resposta psicanalítica está na resolução do conflito infantil com os objetos, que abre as portas ao reencontro do verdadeiro ser da pessoa.

Sensorialidade básica. Diz respeito à sensorialidade que o ser humano apresenta em condições normais e em situações comuns da vida cotidiana. Normalmente, a sensorialidade básica não se associa a condições patológicas, porque corresponde a um fundo natural de disposições que fazem parte da ambientação humana. Todavia, quando o distanciamento de contato com o *ser interior* se estende, a sensorialidade básica torna-se um recurso de que a pessoa pode lançar mão para lidar com a angústia. Nesse caso, a pessoa procura intensificar determinados componentes da sensorialidade básica, considerando-se que os excessos sensoriais são compensatórios às lacunas do contato e suas consequências. Na intensificação, alguns aspectos são postos em evidência e, em grande parte, são associados ao sentir passional. A sensorialidade básica intensificada distingue-se da sensorialidade de preenchimento substitutivo pelo fato de que a primeira tende a fazer uso da incrementação dos componentes internos da mente, enquanto a segunda lança mão de componentes relacionados ao mundo externo. Alguns exemplos podem dar uma ideia mais clara do uso intensificado. Não é infrequente que a necessidade de ganhos se intensifique em ambição exagerada e em voracidades, os ciúmes comuns transformem-se em ciúmes mórbidos, a admiração por alguém torne-se inveja, a necessidade de posse em possessividade, a indignação em ódio, a necessidade de ordem em dominação, a autoafirmação em disputa e supremacia, a necessidade de se distinguir em busca de fama, e assim por diante. Poderia se pensar que, pelo menos em alguns casos, se aplica o que Adler (1961) identificou como complexo de inferioridade. De qualquer modo, importa sublinhar que ocorrem condições específicas nas quais o *self* se impregna desse tipo de sensorialidade, criando núcleos, perspectivas e sistemas tendentes a assumir o primeiro plano nas relações internas e externas. Naturalmente, as opções por esse tipo de sensorialidade dependerão do histórico de vida e do estado da angústia em correspondência com os graus do distanciamento de contato.

Os tipos descritos de sensorialidade certamente não esgotam o assunto, mas dão uma ideia a respeito de um campo fascinante, que oferece inteligibilidade e compreensão aos comprometimentos psíquicos.[3] Algo já foi dito sobre a hierarquia dos fatores, mas agora podemos perceber que há um percurso desde os fatores causadores de distanciamento de contato até as espécies de fragilidade ou, se estas são suplantadas, até os tipos característicos de sensorialidade. Como regra geral, esse percurso é orientado em direção única, movendo-se em univocidade. Isto é, não há atividades recíprocas da sensorialidade (qualquer que seja o tipo) sobre a fragilidade, nem desta (qualquer que seja a espécie) sobre o distanciamento de contato, ou deste sobre a constelação do inimigo interno, por exemplo. Como foi dito, os resultados finais do percurso poderão eventualmente influenciar a constelação, mas, se o fazem, é de modo direto sobre esta, sem implicar biunivocidade. Um dos aspectos da beleza do conjunto está em sua simplicidade, que se encontra, justamente, no movimento orientado em um único sentido, excluindo-se o sentido inverso. Além disso, a beleza estende-se ao fato de que há predominância dos fatores e componentes que se instalam. Ou melhor, a própria predominância de uns sobre os outros faz os restantes serem excluídos, permanecendo somente aqueles sobre os quais, em cada operação, incidem prioritariamente as forças em jogo. Relativamente aos quatro tipos de sensorialidade, por exemplo, sempre prevalece um dos tipos, eliminando-se a predominância dos demais. Isso facilita a compreensão geral do sistema, no qual de início o distanciamento de contato poderia atuar sobre um leque de possibilidades, porém sempre o faz dentro de percurso em que certas manifestações se definem, sem se confundirem. Como resultante dessa dinâmica de conjunto, revela-se para cada caso em particular uma emergência expressiva: o sistema mental determinante.

Em que consiste? Se são sempre os mesmos fatores em interação, torna-se possível estudar o universo dos comprometimentos

3 Para um aprofundamento, ver: Trinca, 2007; 2011.

psíquicos em função dos padrões que, para cada pessoa, se manifestam de maneira coerente e repetitiva. O sistema mental determinante é composto pelos constituintes básicos já descritos, que implicam a forma particular de a pessoa adoecer, instalando-se no *self* como produto final da interação dos fatores e como centro da problemática psíquica. Na verdade, são padrões resultantes da fragilidade ou da sensorialidade, tais como estas foram descritas. Eles tendem a se fixar no *self*, oferecendo um vértice central ou foco persistente que, por sua vez, sobrepuja em grande parte os demais aspectos conflitivos porventura existentes na personalidade. Exemplos de sistemas mentais determinantes são aquelas perturbações psíquicas aqui mencionadas, ao focalizarmos os efeitos do distanciamento de contato. A gravidade patológica de cada sistema é dada pelos graus dos fatores que o constituem, a partir dos graus do distanciamento de contato. É impressionante constatar que, no distúrbio psíquico, as pessoas "escolhem" as grandes linhas das constantes básicas, de acordo com certa coerência. Coerência que, em geral, se verifica também no plano da natureza. Desse modo, em vez da desordem e do caos, formam-se estruturas relativamente estáveis, segundo princípios que a ciência não se cansa de estudar em todos os níveis.

Isso significa que as perturbações psíquicas têm por composição básica os próprios sistemas mentais determinantes. Elas são compostas por vários elementos, mas esses sistemas constituem os pilares em que elas repousam e os núcleos em que elas se mantêm. A partir do momento em que o ser humano se vê às voltas com o distanciamento de contato (que pode sofrer variações em graus), é introduzida a possibilidade da desarmonia e do desequilíbrio, que se refletem como perturbações psíquicas. Mas, como vemos, elas podem ser estudadas e tratadas dentro de uma visão de conjunto.[4]

---

4 Para mais detalhes, ver: Trinca, 2011.

Tenho insistido a respeito da ordem na qual alguns fatores exercem influências sobre outros, mas é possível verificar, também, que existem correspondências entre os fatores, refletindo-se sobre o *self*. O distanciamento de contato tem equivalências em graus tanto com a fragilidade quanto com a sensorialidade, e a isso se denomina princípio de homotetia. Qualquer que seja a espécie de fragilidade ou o tipo de sensorialidade, seus graus de gravidade patológica permanecem os mesmos, correspondendo sempre aos graus do distanciamento. De "escolha" para "escolha", não se altera a gravidade patológica, dando, assim, grande unidade ao funcionamento do sistema. Como as manifestações da fragilidade e da sensorialidade implicam a formação de sistemas mentais determinantes, os graus de gravidade destes correspondem aos graus do distanciamento de contato e, ao se conhecer os graus deste, conhece-se a posição relativa de cada sistema mental determinante no interior de um conjunto de sistemas. Isso significa que esses sistemas podem ser organizados com base no distanciamento de contato. Como eles são, em princípio, um aspecto nuclear das perturbações psíquicas, são as próprias perturbações psíquicas que se organizam sob a base essencial do distanciamento de contato. Pode-se objetar que elas não se reduzem às bases nucleares e delas participam outros elementos, como intensidade, extensão, estruturação inconsciente etc. Contudo, os sistemas são determinantes na medida em que caracterizam os principais componentes a se considerar.

Além disso, suponhamos que não se conheçam os graus do distanciamento de contato, mas se possa observar e avaliar clinicamente o fator ao qual pertence o sistema mental determinante (seja a fragilidade ou a sensorialidade). Ao dar-lhe o respectivo peso, torna-se possível conhecer o próprio grau do distanciamento de contato, considerando-se o princípio de homotetia. Por esse princípio, para cada caso, qualquer fator em jogo pode ser conhecido em termos de gravidade, caso se conheça a gravidade de um deles.

Quando se avalia um número suficiente de casos, pode-se estabelecer, para um conjunto de perturbações psíquicas, suas correspondências em graus com o distanciamento de contato e, desse modo, construir uma distribuição deste em escala de gravidade homoteticamente equivalente à gravidade das perturbações. Essa operação reúne as perturbações numa escala única de gravidade, que serve de referência ao pensamento clínico. Mais do que isso, quando se considera o que está implicado em cada grau de distanciamento de contato, essa distribuição lança luz sobre um quadro geral, altamente esclarecedor para situar as perturbações psíquicas em um contexto compreensivo de conjunto. Isto é, um quadro geral pode ser organizado, em que seja possível visualizar o distanciamento de contato em suas implicações e repercussões, dando sentido contextual à gravidade dos comprometimentos. Nesse contexto, se um novo caso se apresenta, pode-se ter uma ideia da gravidade da situação, tomando-se por base o quadro geral em que ela se apresenta, dado que este é uma referência para a avaliação do sistema mental determinante do caso. Seria sempre possível definir o grau de gravidade de determinada perturbação psíquica em função de um universo de referências, e não de modo aleatório ou descontextualizado.

Não só a gravidade patológica deve ser considerada, se as perturbações psíquicas, vistas em conjunto, permitem que delas se extraia um todo com alto nível de coerência entre as partes. Por essa descrição, vemos ser possível delimitar os fatores principais que se ativam e interagem, estabelecendo estruturas, dinâmicas, percursos, influências, hierarquias, preponderâncias e outras formas de manifestações. Importa, pois, destacar a existência de princípios de ordenação no interior de um quadro geral. Numa visão de conjunto, depreende-se um processo unificado, que vai desde as formas altamente organizadas até as formas altamente desorganizadas. Isso corrobora a afirmação de que o adoecimento psíquico segue os mesmos princípios da natureza, a saber: a harmonia que certos fenômenos alcançam e a desarmonia que ocorre por interferências sobre a harmonia. Desde esses descompassos, no geral os fenômenos buscam meios de retomar as formas que lhes são próprias. Se o ser humano descobre os caminhos da adversidade, descobre *ipso facto* os caminhos do reequilíbrio.[5]

5 Na tentativa de oferecer uma visão geral a respeito desses conceitos, foram escritos os textos de uma trilogia em Trinca, 2007; 2011; 2016.

17. O êxtase na harmonização

Se na mente há todo tipo de complicação e de comprometimento, o ser humano esforça-se com afinco para retomar o equilíbrio. Em cada caso, a superação do sofrimento constitui um grande desafio e a possibilidade de harmonização ocupa um lugar central, ao qual sempre se voltaram todas as formas de conhecimento; em especial, as formas de abordagens dos conflitos, contradições e perturbações do universo mental. Para isso, é essencial descrever os processos de desorganização e de recomposição, que se unem a outros para dar uma visão geral dos múltiplos aspectos do funcionamento psíquico. Uma vez levantadas certas constantes, elas se incorporam ao arsenal das forças em luta contra a desarmonia.

No modelo que apresento, o ser de cada indivíduo humano é considerado inteiro em si mesmo, mas a sua ação ou inação depende dos graus do contato estabelecido com ele. Assim como há graus de equilíbrio, há graus de desequilíbrio centralizados no contato. Se a personalidade é algo muito amplo, comportando descrições variadas, a focalização no contato simplifica uma série de questões, porque possibilita uma análise dos pontos em que se concentram os desequilíbrios. Nesse modelo, como vimos, uma atenção particular é dada à fragilidade do *self* e à sensorialidade, mas também à constelação do inimigo interno, um produto derivado da pulsão de morte. O modelo não minimiza nem exclui o que a psicanálise põe em evidência para a compreensão dos fenômenos psíquicos. Desde seu início, ela foi identificada como uma forma de "limpeza de chaminé", sustentando-se no conhecimento dos fatores inconscientes que atuam na desorganização mental. Seguindo os fundamentos psicanalíticos, o presente modelo metodológico principia pela parte sombria e destrutiva da mente, que tem assombrosas implicações sobre as relações com o mundo externo. Igualmente, cada espécie de fragilidade do *self* e cada tipo de sensorialidade têm sua forma peculiar de manifestação destrutiva. Sabe-se que grande parte do sofrimento provém do cerceamento da individualidade, em que o ser de cada indivíduo não mais detém os comandos, e o contato sucumbe ao sabor de outros ditames. Hoje se conhece muito mais sobre isso, e a psicanálise se propõe ao restabelecimento das relações do indivíduo consigo próprio e com o mundo. Ela impele a lidar com os distúrbios e interferências, de modo a alcançar clareza de consciência, em benefício de uma visão mais límpida da realidade.

Se, no Universo como um todo, há vida e antivida, criação e destruição, podemos pensar que, na dimensão da existência humana, essas forças têm um ponto de convergência no *self*. O estrépito de vida, que se ouve em toda parte, está igualmente na interioridade humana. Por isso, a análise concentra-se nas interações que se processam no *self*. Já vimos que este é obscurecido por desejos, medos, ódios e impulsos de todo gênero. Freud não se cansou de descrever a interioridade repleta da turbulência dos impulsos. O *self* pode ser constituído como um campo fragmentado, dividido, alheio, frio ou utilitário e, assim, não há sossego, calma nem paz. Ao contrário, o *self* inundado e embaraçado por componentes poluentes e obstrutivos torna-se encobridor dos fatos. Em vez de ser um agente de ordenamento, ele é um campo minado de onde eclodem violências, guerras, selvagerias e destruições, mas também indiferenças brutais ao que é harmonioso e sublime. Contudo, sabemos que o *self* é um órgão mediador e multifacetado, que se faz de instrumento e abrigo a múltiplas possibilidades, contendo o que nele é colocado e o que nele prevalece. Se há forças imensas e diversificadas, importa sobretudo o conhecimento dos processos que fazem o *self* ser o que é. Daqui sobressai a esperança de pôr o *self* a serviço da vida e do viver, no mais amplo sentido.

Então, a "cura" passa antes pela percepção do que ocorre no *self*. Uma vez que seja equacionado em cada situação aquilo que está em jogo no *self*, os obstáculos aos vínculos e à humanização podem ser mais bem compreendidos. O conhecimento do *self* torna-se uma questão prioritária. A própria percepção dos movimentos do abarrotamento mental, do embaçamento do espírito e do sofrimento psíquico já é indicadora das distorções nas relações internas e externas. Especialmente, a percepção em cada indivíduo de que ele se acha distante de seu eixo psíquico. Isso se configura melhor ao se sentir estranho a si mesmo.

Atingido esse ponto, é possível caminhar para a discriminação entre o *ser interior* e o *self*. Trata-se de uma distinção essencial, que se dá quando alguém se reconhece diretamente como ser, experimentando-se a si mesmo. Sendo isto possível, a confusão entre essas instâncias pode ser desfeita. Ao se experimentar diretamente, fica claro que o *self* interferido não é o ser da pessoa e que este não desaparece de cena, apenas é sufocado pelas camadas de ingredientes que se lhe superpõem. De chofre, algumas questões se esclarecem. As perturbações psíquicas, das quais os sofrimentos são indissociáveis, não têm origem no *ser interior*; elas ocorrem pela absolutização dos ingredientes que tomam de assalto o *self*. Originalmente, este se constituiu com a finalidade de possibilitar uma abertura à ampliação dos relacionamentos internos e externos, mas foi utilizado para outros direcionamentos, incompatíveis com a verdade existencial e mais profunda da pessoa. Esse parece ser um dos maiores problemas humanos, a ser encarado e resolvido. Maravilha é, portanto, a descoberta de que, apesar de todas as dificuldades, há um caminho de resolução, que consiste, para cada pessoa, no encontro do que já lhe é inerente, ou seja, do próprio ser.

A experiência de si, que ocorre em nível consciente, pode não se fazer presente o tempo todo, mas está sempre à disposição como um princípio básico ao alcance de todos. Há que se cuidar do *self*, a fim de que ele seja expressão genuína da pessoa, sob influência, presença e ação do *ser interior*. Personalidades harmoniosas são aquelas que conseguem integrar ambas as instâncias, eliminando-se o mais possível as dissintonias. Quando isso acontece, verifica-se que as cargas excessivas de fragilidade e de sensorialidade deixam de ter efeitos marcantes sobre o *self*, dando lugar a experiências novas. Para a harmonização, sem dúvida, o fator preponderante é o contato com o *ser interior*. Nesse caso, a existência humana pode ser vivida como plenitude do ser, e não como uma falta, encoberta ou preenchida de diferentes maneiras. Por isso, tenho insistido que o distanciamento de contato é o fator prioritário a ser considerado no modelo geral.

A partir da experiência de inteireza, descortina-se um novo horizonte. Nela, em geral, o espaço mental recebe a presença marcante da não sensorialidade do *ser interior*. A base dos relacionamentos passa a ter por ponto de partida a natureza livre, ampla e solta desse ser, que dá expressão à consciência receptiva. Já me referi à abertura do ser, em sua não sensorialidade, como movimento vivo, sintonia profunda e receptividade a emergências novas. Surpreendemos esse ser em estado original e puro no *self*. Uma presença aberta ao acolhimento, em que o mundo transparece em penetração e surpresa. É essencial, portanto, o desbloqueio da mente para o alcance da mobilidade interna, que se comunica com a mobilidade do mundo.

O aumento da presença não sensorial dá oportunidade à passagem para a fluidez, uma disposição de deixar-se ir em ressonância ao que existe. Movimentos internos espontâneos seguem os cursos espontâneos das coisas. No lugar da mera concretude, há um suave deslizamento, em que o espírito se alarga, tornando-se potencial para a receptividade ao que surgir. Derretem-se as construções solidificadas do entendimento em favor da liberdade de fluir. Naturalmente, a mobilidade fluida da vida revela-se em diferentes níveis e graus, na dependência do contato com o *ser interior* refletido sobre o *self*.

Volto a insistir no fato de que, para cada pessoa, sendo reconhecidas as bases nas quais o *self* se sustenta, um olhar observador e atento poderá localizar os sistemas interferentes, obstrutivos e bloqueadores ao pleno funcionamento mental. A consciência do que se passa poderá tornar o *self* depurado e límpido, refletindo-se como abertura às experiências, sejam internas ou externas. Essa situação constitui o resultado de um desenvolvimento, ao debruçar-se a pessoa sobre si mesma, preferivelmente com a ajuda de uma análise. Assim, o mundo poderá ser reconhecido em transparência, sem os demasiados embaçamentos e as distorções que caracterizam a percepção mais superficial e aparente.

Em condições de maior limpidez, de que se constitui, normalmente, a experiência de ser? Se na limpidez se percebe a harmonia do ser, é porque este lança suas raízes no princípio geral de harmonização que, como vimos, existe em todo o Universo. Sendo unidade e inteireza, o *ser interior* não é discrepante consigo mesmo, e nisso consiste a sua harmonia. Assim se pode falar da harmonia natural como um princípio fundamental da mente. Em seu refinamento, a natureza organiza a expressão harmoniosa do ser, sendo esta uma de suas maiores conquistas.

Para além de conflitos, discordâncias e turbulências, a harmonia do *ser interior*, incidindo pelo contato sobre o *self*, torna possível a organização deste, estabelecendo ou restabelecendo, ainda que em parte, a unidade, a coesão e o equilíbrio. A voz do *ser interior* nem sempre se faz ouvir e, nesse caso, é a desarmonia que se impõe no *self*. Há momentos de maior ou menor organização, de sorte que conflitos, dificuldades e perturbações não desaparecem por completo, mas prevalece o princípio de que toda e qualquer realização efetiva do *ser interior* no *self*, mesmo parcial e limitada, tem por característica ser em si mesma harmonizante. A poderosa força da organização existe nos princípios de constituição da realidade, dirigindo-se a patamares nos quais as estruturações e as sínteses se manifestam. Não é necessário ir além da natureza para a descoberta dessa ordem, que se realiza diante de nossos olhos como um processo natural. Sabemos que a natureza dotou o ser humano de um fascinante recurso, que consiste na capacidade de autonomia e de autorregulação do sistema corpo-mente, tendo condições de chegar à harmonização geral do todo somatopsíquico e de suas relações com o mundo externo.

Dessa perspectiva, é importante considerar o prisma do qual parte a mente para pensar e agir sobre a realidade. As condições de harmonização nas quais se encontra a mente são decisivas para os significados dos relacionamentos. Uma visão unilateral dificulta ou elimina a percepção da ordem e da harmonia do mundo, transformando-o em objeto inexpressivo, inerme ou morto. Caso não sejam alcançados os princípios da ordem harmoniosa, as referências fundamentais são esquecidas ou abolidas, perdendo-se os sentidos do todo. Apenas a harmonia interior é capaz de sintonizar a harmonia exterior, quando esta realmente existe. Sendo profundas e harmoniosas, as relações com o mundo tendem a ser estetizantes, porque nesse encontro se pode divisar a ordem maravilhosa da natureza, que tem oportunidades de se revelar.

Parte IV
A mente em expansão

18. A criatividade inconsciente

Apesar de todos os movimentos em sentido contrário, a natureza mantém a sua propensão de se organizar; e assim também o faz a natureza humana. Além da organização consciente, ocorrem elaborações profundas na forma de estruturação inconsciente, em prol do estabelecimento, da manutenção e do desenvolvimento da vida psíquica. Sob o comando das forças de vida, o inconsciente estruturante é mais um fator fundamental no qual se lastreia a ordem da mente. Esse fato foi observado por Freud (1996), tanto que ele recomendou aos analistas que se abandonassem inteiramente à memória inconsciente ao realizarem seu trabalho. A estruturação inconsciente é um fator conservador, que age para consolidar a ordem estruturante do *self*, tendo influências sobre a formação e a manutenção dos centros diretores. Ela se ancora no contato bem realizado com o *ser interior* e, assim, responde por estabilizações nas aquisições ordenadoras do *self*. Contudo, a sua ação depende da interação dos demais fatores e, em grande parte, dos graus de presença e efetividade do *ser interior* no *self*. Embora não tenha efeitos diretos sobre o distanciamento de contato, a estruturação inconsciente perde seu vigor e tende a se desorganizar caso o distanciamento seja grande e persistente. Como é relativa a sua autonomia, pode vir a desmoronar sob os ataques maciços da constelação do inimigo interno e dos graus elevados do distanciamento de contato.

Penso que esteja na órbita da estruturação inconsciente o que em psicanálise tem sido delineado como conhecimento inconsciente e, às vezes imodestamente, como sabedoria inconsciente. Grande parte de nossos processos mentais se dão na invisibilidade do inconsciente, e nossa consciência tenta dar conta do que se passa. O inconsciente executa silenciosamente a sua obra com relativa independência, realizando contatos profundos, conhecimentos surpreendentes e sínteses de experiências cognitivas e emocionais. Há um reservatório de experiências acumuladas, que frequentemente se associam às experiências atuais, cujas combinações se fazem na espontaneidade do inconsciente, sem sofrer a interferência das intenções e deliberações conscientes, nem sequer das injunções sensoriais do *self*. É o caso, por exemplo, da memória-sonho, que em Bion une a experiência passada com a atual, criando espontaneamente uma nova aproximação aos fatos. Uma atitude mental em que o fato atual é recomposto e ressignificado dentro da correnteza inconsciente, todavia aberta à receptividade consciente possível.

As mensagens do *ser interior* podem ser captadas e discernidas a partir dos estados oclusivo e inconsciente, mas elas apresentam maior clareza e inteligibilidade quanto mais próximas estiverem da consciência. Em certo nível inconsciente, podem se tornar mensagens evocadoras de conhecimentos sintéticos e, assim, ser incorporadas como fontes significativas de transformações e, também, de inspirações criativas. Não se exclui que, nessas condições, necessitem de interpretações simbólicas, como nos sonhos noturnos. O aspecto fundamental a ser considerado, porém, é que o *ser interior*, operando sobre as relações internas e externas, realiza um trabalho inconsciente de harmonização, sugerindo ou indicando elementos para as resoluções de conflitos, os impasses e outras dificuldades. Contudo, prevalece sempre o princípio do estado do contato: quanto mais distante da consciência estiver, em graus, o contato com esse ser, menor será a possibilidade de sua voz se fazer audível e distinta.

Como Freud não se cansou de insistir, é nos sonhos noturnos que se revela com melhor propriedade a questão da elaboração inconsciente para fins de harmonização da vida psíquica. Na psicanálise, os sonhos constituem uma forma de pensamento, mas se referem a situações psíquicas não suficientemente desenvolvidas no plano da consciência. As imagens são difusas, fugidias e obscuras porque o sujeito do inconsciente tateia ao encontro de uma formulação para suas mensagens e, assim, as formas imagéticas lúdicas se prestam mais para transmitir a flexibilidade e a plasticidade requeridas pela situação onírica. Emoções não claras buscam uma tomada de forma e, sendo inconscientes, os sonhos são para elas veículos transmissores de sentidos e significados. Desse modo, encontram-se nos sonhos graus variados de coerência interna das mensagens, no nível latente das imagens. Ao ser interpretados, geralmente os sonhos lançam luz sobre os conflitos e desacordos do sonhador consigo próprio, indicando que na obscuridade do inconsciente há uma tendência à organização. Ou melhor, os sonhos revelam um pensador inconsciente que gesta a tendência à organização e cumpre a função de estruturação e de reestruturação possíveis.

Nossos sonhos falam a respeito de nós próprios, daquilo que está em acordo ou em desacordo conosco, assim como de nossas relações internas e externas. É sempre nosso ser profundo que está no centro das mensagens dos sonhos. As interpretações necessitam levar em conta *quem* fala nos sonhos, antes mesmo de considerar *o que* é falado. A dificuldade, porém, reside no fato de que, no estado inconsciente, o contato com o *ser interior* só se apresenta na invisibilidade do inconsciente. Nesse plano, assim como não temos noções claras das emoções, também não temos suficiente clareza do contato com esse ser. Com o agravante de que, sendo o contato um fator que dá efetividade à presença e à ação do ser no *self*, o distanciamento de contato no plano inconsciente introduz graus de inefetividade da ação e, igualmente, de diluição do equilíbrio psíquico. O *ser interior* tem voz limitada, porque não há contato suficiente com o que ele dispõe. Como o distanciamento de contato não permite que a pessoa tenha experiências inteiras ou plenas, os sonhos são meios de indicar as vias de reestabilização. Sua voz se apresenta nos sonhos com o sentido de eliminar dissonâncias e, se possível, realizar harmonizações.

Ainda que o *ser interior* se ache na invisibilidade do estado inconsciente ou, também, do estado oclusivo, há sempre algum nível de mobilidade que se manifesta nos sonhos.[1] Nestes, há movimentos destinados a suplantar tanto a inconsciência quanto a oclusividade, considerando-se que no sono existem melhores condições de a mente se tranquilizar e se apaziguar em relação às turbulências e às dificuldades de toda ordem. Geralmente, a mobilidade psíquica torna-se maior, permitindo que o conhecimento inconsciente possa se manifestar sob a forma de pensamentos oníricos. São condições mais favoráveis aos vislumbres e admoestações sobre a existência de ataques da constelação do inimigo interno, bem como sobre as atividades da sensorialidade, da fragilidade e das diferentes modalidades de angústias, cujas situações são representadas nos sonhos. Por isso, pode-se sustentar que estes não correspondem a elementos disparatados ou quaisquer, mas visam antes de tudo à organização, tendo por princípio ordenador a colocação da pessoa em acordo consigo própria. Apesar de relativo, não cessa o trabalho de integração, realizado pelo núcleo original de existência da pessoa. A versatilidade criativa das imagens oníricas permite explorações,

1 No estado oclusivo, estão aumentados os níveis da presença de partículas densas, fragmentárias e virulentas, na categoria de elementos beta (Bion, 1966).

verificações e descobertas, em especial quando o sonhador percebe, pela interpretação, que a harmonização está intimamente ligada à alegria das experiências com o próprio ser.

O trabalho de integração recebe, porém, o suporte da estruturação inconsciente, que se associa na interioridade aos processos de harmonização, tendo influência marcante sobre os relacionamentos, tanto com o mundo interno quanto com o mundo externo. Pela estruturação inconsciente, os movimentos atingem seus desfechos sem que nos apercebamos deles, como ocorre, por exemplo, nos movimentos criativos espontâneos. Nestes, de início, há problemas a resolver, que criam no pensador uma situação de desconhecimento, cisão ou desacordo, requerendo solução e fechamento. A estruturação inconsciente opera como um processo criativo, na medida em que faz parte de suas atribuições eliminar as dissonâncias e ordenar a vida psíquica. Pela superação de conflitos, inconsistências, dissintonias e paradoxos, ela desempenha uma função de organização sintética. Desse modo, a descoberta criativa é exercida por intermédio do trabalho inconsciente, que realiza uma surda germinação, suscetível de apresentar resultados organizados e coerentes com o problema inicial, sendo também a sua resolução.

Muitas pessoas, nas mais variadas áreas e atividades, descreveram essas experiências, que não são, portanto, de domínio exclusivo de pensadores, artistas, escritores e cientistas.[2] Geralmente, essas pessoas relatam que, diante de problemas e questões, tendo alimentado a mente de forma consciente com dados e elementos sugestivos, há um trabalho espontâneo de criação inconsciente, por vezes descrito como intuição e que associa, equaciona e encontra soluções depois de certo período de incubação. Com frequência, algo completamente novo aparece sem a participação consciente. Verifica-se, assim, que

2 Pode ser consultado o excelente livro de Hadamard (1959) sobre a criatividade inconsciente no campo da matemática.

há uma elaboração espontânea, no nível das camadas mais profundas da mente, em combinação com as experiências passadas e com o nível atual das atividades conscientes.

Refletindo sobre o que se passa, é legítimo conjecturar que essas criações espontâneas são produtos oriundos da estruturação inconsciente, na qual se dão variados processos não conscientes ou não totalmente conscientes, com a finalidade de consolidar a ordem interna e compatibilizá-la com a ordem externa. Trata-se de um nível de organização que se origina dos graus de influência, presença e ação do *ser interior* sobre o *self*. Pode-se dizer que a estruturação inconsciente constitui um resultado bem-sucedido do estado de contato inconsciente com esse ser, cujos efeitos se acumularam e se estabilizaram consistentemente ao longo do tempo. Nessas condições, a não sensorialidade do *ser interior* atua indiretamente, via estruturação inconsciente, em prol dos processos ordenadores internos e de suas relações externas. A assim chamada sabedoria inconsciente está, pois, na dependência dos níveis alcançados pela estruturação inconsciente e seus reflexos sobre a ordenação e a harmonização possíveis. Não se excluem, certamente, os movimentos criativos que têm por escopo a organização ou a reorganização de campo.

Observa-se ainda que, quanto mais ampla for a estruturação inconsciente, maior será a tendência à mobilidade criativa nesse plano. Inversamente, um *self* tomado por ingredientes sensoriais ou por fragilidade e angústia, refletindo pouca mobilidade, dificilmente terá condições criativas em nível inconsciente. A criatividade se configura melhor quando a mente se torna permeável e livre. Havendo saturação de componentes interferentes nas atividades inconscientes, como emoções turbulentas, perturbações psíquicas e, sem dúvida, ideias preconcebidas e arraigadas, a criatividade inconsciente terá dificuldades de se manifestar. É necessário que haja quietude da mente, para que o trabalho de incubação possa se processar. Esse fato foi percebido, entre outros, por Hadamard (1959), que apontou a necessidade de haver uma mente aberta e a ausência de ingerências a fim de que ocorra a inventividade inconsciente. Na liberdade de flutuação, as coisas ordenam-se porque são livres para tomar as formas que lhes são próprias, mas não têm oportunidades de se revelar nos excessos de determinações e imposições conscientes, combinados com os condicionamentos irredutíveis, os conflitos e as perturbações que enrijecem e desestabilizam o *self*.

A organização interna está inteiramente apta a descobrir a ordem do mundo, em amplo sentido, por intermédio de contatos realísticos. A estruturação inconsciente é uma forma de organização interna que, muito além das funções puramente racionais, se dirige ao acolhimento do fundo abismal da realidade. Pela própria natureza do contato que ela estabelece, as inspirações e descobertas provindas dessa estruturação têm em seu bojo os ingredientes de aproximação à harmonia que se encontra nos recessos mais profundos da natureza, da vida e do Universo. Os princípios que as animam têm semelhanças com os princípios que regem os sonhos estéticos e inventivos. No final dos encadeamentos de associações, combinações e ligações, geralmente se verifica não só que os resultados são coerentes e compatíveis com a realidade, como também são altamente significativos para a pessoa interessada, de tal modo que esta, por vezes, os vivencia esteticamente. Ao se relacionar com a ordem do mundo, descobre a harmonia que habita as profundezas e, assim, a realidade mais profunda vem a se manifestar.

19. A expansão de consciência

A expansão de consciência é um dos principais fatores na composição de um modelo geral da mente. Diferentemente da estruturação inconsciente, trata-se agora de experiências conscientes ou de disponibilidades em aberto para que estas ocorram. As noções de si mesmo atingem um limiar de visibilidade consciente, em que a experiência da própria existência se distingue do contato com o ser da pessoa, experimentado por sensações de presença inteiriça. Nesse caso, há contato suficiente com o organizador central, que pode se ampliar significativamente no interior do estado consciente. Se, anteriormente, pudemos observar os déficits de contato com o *ser interior*, na expansão da consciência podemos acompanhar os acrescentamentos ao contato, que correspondem a expressões mentais diferenciadas e a qualidades aprimoradas, tendo por ponto de partida, justamente, a experiência de inteireza. Dessa forma, podem-se encontrar graus de expansão de consciência, implicando diferentes modalidades de experiências em conformidade com os graus de penetração no contato da pessoa consigo própria e com o mundo.

Na expansão de consciência há, portanto, grande diminuição ou total eliminação do distanciamento do contato pela redução das atividades de fatores que o provocam, como a constelação do inimigo interno. Na expansão está implicado o afastamento tanto da saturação sensorial do *self* quanto da impregnação deste por fragilidade e por angústia. Se a sensorialidade básica não desaparece, ela não constitui obstáculo aos novos componentes que se apresentam no *self*, refletindo as atividades do *ser interior*. Na verdade, o que caracteriza basicamente a expansão de consciência é a libertação dos impedimentos, embaraços e dificuldades do *self*, em correlação com os graus de influência, presença e ação do *ser interior* sobre ele. Pelo contato que se realiza e se estende, o ser profundo passa a ter notável predominância no *self*, sobressaindo-se consideravelmente. Este, por sua vez, compatibiliza-se com o *ser interior*, cuja natureza, como vimos, é não sensorial e se expressa de modo amplo e solto, formando um espaço livre na interioridade. A não sensorialidade permite o aprofundamento das experiências, de sorte que o mundo pode se revelar igualmente em abertura a novas dimensões e a novas expressões, sem perder suas características reais e naturais. Assim, verifica-se que, para a pessoa, não só há graus de noções de si mesma, como há graus de possibilidades de expansão, sendo que quanto mais elevados forem os graus de contato com o *ser interior* no estado consciente, maior será a tendência à expansão de consciência. Assim, também, quanto maior for a aproximação entre o *ser interior* e o *self*, maior tenderá a ser a harmonização psíquica e a harmonização com a realidade externa. Em geral, a apreensão dos fatos comportará uma rotação de perspectiva sob a ótica da ampliação. A seguir, temos alguns exemplos de propriedades mais comuns da expansão de consciência.

1. *Limpidez do self.* O aumento progressivo da ação do *ser interior* sobre o *self* costuma se manifestar por graus de limpidez. Esta corresponde a qualidades que se instalam no *self*, ao estar

ele relativamente depurado de elementos estranhos ao *ser interior*. A limpidez exprime a condição não sensorial desse ser, que se abre à transparência e à clareza, possibilitando o desvendamento da realidade mais profunda. Nessas condições, os fenômenos tornam-se, por vezes, nítidos e ressaltantes em suas formas, cores e brilhos.

2. *Mobilidade psíquica.* Pela presença, em graus, do ser interior e pelo aumento das condições não sensoriais do *self*, aparece com maior intensidade no estado consciente a mobilidade psíquica, uma disposição fluida, solta e espontânea. A interioridade beneficia-se de uma correnteza flexível, que acompanha o fluxo maleável das coisas em seu devir permanente. A intensificação do estado de permeabilidade e de elasticidade conduz uma atitude experiencial de deixar-se ir, que penetra e apreende os fatos em deslizamento ou flutuação.

3. *Liberdade.* Trata-se, aqui, da liberdade de existência do próprio ser, realizando-se no ato de sua manifestação existencial. Por estar reduzido ou não haver distanciamento de contato, a liberdade apresenta-se à experiência de modo amplo. Quanto maior for o contato estabelecido com o *ser interior*, maior tende a ser a espontaneidade criativa, assim como a extensão das áreas livres na mente. A expansão de consciência é correlativa ao grau de liberdade que desse modo se manifesta.

4. *Abertura e acolhimento.* Na expansão de consciência, é facilitado o acolhimento ao que existe, em função da própria abertura do ser. Em sintonia com a realidade interna e externa, colocam-se em primeiro plano as condições de receptividade, de aceitação e de compreensão. A abertura à experiência permite o florescimento de relações espontâneas, feitas sem esforço, nas quais o mundo revela novas propriedades e novas formas de existência. O espaço mental em aberto é propício a estar em acordo com o movimento natural das coisas.

5. *Leveza, vivacidade e propriedade etérea.* A presença crescente do *ser interior* no *self* fomenta um espaço mental relativamente vazio de sensorialidade e de outras interferências, de modo a favorecer a leveza e a vivacidade na apreensão dos fenômenos, quando neles a vida transparece. Em graus elevados de contato, a apreensão tende a se tornar etérea e transfigurada, quando a intensidade das forças de vida se mostram na natureza.

6. *Abrangência.* Diz respeito a largos movimentos mentais e a uma consciência universalizante, que estão muito além do mesmismo, do imediatismo, dos dogmas, das ideologias e das turbulências emocionais. A eliminação das condições restritivas da mente abre espaço à abrangência, que emerge do próprio contato com a realidade, se esta for bem percebida. No bojo da não sensorialidade, o espaço mental dispõe-se ao que surgir. Ele descobre o mundo desde altas cordilheiras do espírito, que incluem vastos panoramas culturais, amplos processos históricos e largas eras cósmicas, mas também ínfimos acontecimentos que falam da beleza da vida, como os bosques verdejantes que o poeta celebra em seus cantos. Na abrangência, estão contidos os sonhos, a magia e o encantamento do imenso oceano da vida, cujos sentidos e significados tendem a ser vividos com ternura. A abrangência comunica-se com a grandeza e a magnificência que podem ser encontradas por toda parte. Elas estão presentes na amplidão do espaço e do tempo, no resgate das imagens primordiais, nas raízes comuns da humanidade, naquilo que se coloca além do tempo e no mistério soberano que envolve as coisas. O Universo passa a ter significação abrangente a quem nele se insere, encontra um lugar e realiza sua própria expansão.

Esses exemplos são suficientes para indicar um campo de observações e descobertas surpreendentes. Vivências harmoniosas são possíveis, caso a mente se situe em calmas regiões, lidando com os embaraços. É indispensável haver uma atitude apropriada, mesmo que os resultados sejam fugazes ou ocasionais. Uma única experiência desse tipo poderá deixar profundamente a sua marca. Se a cada ser humano é dado um ser, todos têm em comum um espaço interno disponível para a expansão. O *ser interior*, como núcleo primordial, possui a capacidade de ampliar a percepção, a intuição e a compreensão, desde que o contato se realize. Os resultados da expansão não consistem em simples expressões projetivas, mas se convertem em apreensões verdadeiras e reais. Se a mente se afasta da dimensão das altas cordilheiras, mergulha em pântanos insalubres. Contudo, é inerente ao ser humano uma rotação de perspectiva, na qual o sofrimento pode ser minorado ou abolido pelo florescimento da individualidade, visto que, nesta, cada indivíduo se constitui num universo de realizações e expansões, ao assumir quem verdadeiramente ele é. Se o contato põe à lume as camadas do ser, nas relações com o mundo o ser humano descortina a imaterialidade ao aprofundar-se em si mesmo. Prodigiosa é, pois, a condição de existência de um ser vivo na interioridade, que tem a capacidade de reger desse modo o universo humano.

20. Ao encontro da imaterialidade do mundo

Como foi dito, a expansão de consciência pode alcançar graus de desenvolvimento em que a experiência se amplifica, se sutiliza e, em alguns casos, se sublima. A luz do *ser interior* ilumina o *self* como correnteza existencial na qual o espaço mental é experimentado de modo aberto, livre e solto, predominando a mobilidade psíquica. A mente desembaraça-se de obstáculos a seu fluxo espontâneo, dispondo-se a apreensões novas e diferenciadas. Por maior contato com o núcleo primário de existência, o *self* encontra-se por assim dizer pacificado, cessando o rebuliço das acumulações sensoriais e o aprisionamento pelas atividades de enfraquecimento, esvaziamento e angústia. A presença efetiva do *ser interior* no *self* altera substancialmente as qualidades dos relacionamentos em que os entraves são parcial ou totalmente eliminados, proporcionando momentos significativos de encontro do mundo. Um dos aspectos que se distingue é a diminuição da tendência de se caracterizar os fenômenos da natureza por meio da concretude.

Havendo limpidez na mente, motivada pelo afastamento das injunções sensoriais e de outras intercorrências sobre o funcionamento psíquico, uma sensibilidade apurada assoma à consciência, e o mundo pode se revelar em propriedades e significações imateriais. Tendem a sobressair qualidades antes encobertas, que descortinam uma dimensão de realidade em cujas fisionomias transparecem a presença de vida, a fluidez e a radiância, mas também, por vezes, o caráter etéreo, de atemporalidade, infinitude e mistério, entre outros aspectos. A pureza interior, ao se instalar, tende a identificar e a apreender a pureza exterior, quando esta de fato fizer parte da realidade.

Não são totalmente desprovidas de valor, nem de fundamento, as descrições de que o mundo, em certos momentos, passa a ser vivenciado levemente, como uma pluma. Liberta de sua concretude conceitual, definitória e avaliativa, como também de sua padronização mental, a realidade apresenta-se em melhores condições de ser percebida. Caso não seja mentalmente aprisionada ou condicionada, ela pode se manifestar por características próprias, que incluem a aragem, o frescor, a versatilidade e, até, a esfera onírica em que, para nós, ela institui pontos de sustentação.

Trata-se de um "outro mundo", existente no próprio mundo, quando a experiência de imaterialidade se coloca em primeiro plano. Tenho me referido a ela especialmente como sonhos, imagens mentais espontâneas, abrangência, primordialidade, infinitude e totalidade, mas seu alcance é mais vasto, compreendendo múltiplos aspectos, dos quais sobressai a harmonia. Nessa, às vezes, concentram-se a beleza, a cintilância e o silêncio que fazem ressaltar o encanto, principalmente em relação aos fenômenos da natureza. Por exemplo, quando, numa manhã serena, nos deparamos com uma atmosfera clara e pura, com nuvens azuis no horizonte, iluminadas pela suavidade do sol tropical. O horizonte abre-se em colorido, que se reflete nas plantas ao redor, cujas flores esmaecidas cintilam em silêncio. Tudo está em suspense no fulgor imaterial desse instante único e etéreo. A mente flutuante descobre um mundo vivo, que sobressai de outro, mais comum e banal. A experiência é passageira, embora seja reveladora de uma realidade plena de harmonia.

Pela dissipação da concretude encobridora, o "outro mundo" existe, incondicionado, puro e virginal. Nele nos movemos em total tranquilidade, quando desce suavemente sobre nós, mostrando sua face radiosa. Liberta de sua carga puramente material, a natureza se desvanece, sendo tudo leveza e vibração. O vento canta docemente, os pássaros festejam alegremente e o córrego tem som de cristal. A paisagem reflete seu brilho, as borboletas flanam pelos ares e a propriedade etérea está em toda parte. Nas flores reluzentes, há um faiscamento de cores, de brilhos amáveis e, nas plantas, os sons provindos da lonjura dos tempos ressoam aqui e agora. O mundo, desse modo, carrega algo de imaterial e atinge plenamente seu esplendor ao desnudar-se assim aos nossos olhos e aos seres vivos da natureza, que em festa dão alvíssaras ao dom incompreensível da vida.

A consciência da imaterialidade dá acesso a sínteses de captações profundas, frequentemente relacionadas aos fenômenos estéticos da natureza, em que transparecem leveza, delicadeza, volatilidade e evanescência. Mas, também, há apreensões singulares de fenômenos para os quais estão ampliados os limites espaço-temporais. Sendo reavaliadas suas dimensões, alguns fenômenos passam a pertencer ao reino dos processos rarefeitos, descritos como gracilidade, ternura e sublimidade. Outros, ainda, se colocam em atmosfera onírica, como já tive ocasião de mencionar. Uma luz imaterial pode rescender diretamente dos fenômenos, quando for possível contemplá-los no fulgor emanado de sua imanência. Uma experiência que se faz em plena espontaneidade, independentemente da imaginação ou de meios artificiais destinados a provocar alterações da consciência.

Sem dúvida, a apreensão dessa imaterialidade existente no mundo é algo muito antigo, cujos registros são localizados precocemente na história cultural da humanidade. Nós os encontramos disseminados por todas as épocas e locais em que esteve presente um senso humanístico mais elevado, daqueles que impulsionam a marcha da civilização.[1] Se tomarmos particularmente determinados lugares, épocas ou estilos na história humana, não é difícil encontrar um esforço ingente do espírito para a superação das amarras da concretude e o aparecimento da experiência de imaterialidade. Por exemplo, um olhar atento à poesia clássica chinesa da Dinastia Tang[2] deixa-nos surpresos, pela facilidade que tinham aqueles letrados de se inspirar em cenas evocadoras da imaterialidade. Eles glorificavam as imagens etéreas das brumas nos lagos, dos sussurros da brisa, das flores leves como sonhos, da pura fluidez dos pinheiros e das nuvens ociosas que passam e não deixam rastros. Também extasiavam-se com a limpidez das águas, a claridade do sol e a pureza da música. Comunicavam a solidão de uma cabana isolada, a calma das profundidades dos bosques e o silêncio em meio aos pinheirais. Não eram então indiferentes ao tempo que passa e desaparece como um sonho, ao azul profundo dos espaços celestes e à infinitude do Universo imenso. Magnífico era, para eles, o esplendor das tardes, das montanhas azuis, das chuvas, da lua e dos vagalumes cintilantes. Tudo isso fazia o espírito iluminado pairar em suavidade e flutuação.[3]

Entre os antigos letrados chineses, a linguagem poética, expressa até na pintura paisagística, tendia a representar uma forma de relacionamento com a natureza em que da matéria emergia a imaterialidade, por abertura mental ao acolhimento dos fenômenos que assim se manifestavam. Um animal ou uma cadeia de montanhas, por pesados que fossem, perdiam sua materialidade habitual, a fim de se converterem em significações imateriais, sublimando-se os sentidos da matéria. Hoje podemos compreender que a "espiritualidade" da

---

1 A esse respeito, encontram-se indicações em Trinca, 2019.

2 Dinastia Tang (618-907 da Era Cristã).

3 Podem ser consultadas as antologias de Demiéville (1986), Mathieu (2015) e Cheng (1996).

matéria não se dissocia de sua materialidade, e não existe sem a contaminação de nossos sentidos, mas há aí algo que se transforma pela presença de um ser não sensorial em nossa interioridade. A existência desse ser possibilita a transformação das significações na medida em que a interioridade tenha condições de se relacionar no plano em que a natureza se apresenta. Nesse caso, em vez de oposição, temos uma transposição do nível de apreensão, de onde ressaltam não só as qualidades dos fenômenos, mas também as suas propriedades intrinsecamente imateriais, quando possíveis.

Observa-se uma transformação sutil na captação da matéria, cujos significados nos tomam de surpresa ao constatarmos o afastamento da sensorialidade que, quando excessiva, ocupa a mente. Da abertura mental surgem novas faixas de sintonia, que trazem à consciência novas expressões vivenciais. Se a natureza tem sido considerada e empregada como um mero artefato e como objeto concreto, na experiência de imaterialidade ela se eleva à dimensão das formas primordiais. Um simples olhar pode percebê-la viva, transformante e, como tal, situá-la em sua configuração harmoniosa. Os fenômenos imateriais apresentam-se facilmente até a nossos olhos ingênuos, se estes estão calmos e livres de preconcepções. Trata-se, porém, de um novo olhar, desde a interioridade desprendida, como numa aragem, e aberta ao que surgir. Desse modo, a definição de imaterialidade permanece insaturada, bem como a abrangência de seu campo conceitual. Ela deixa em aberto uma penumbra de significados, de forma a acolher um Universo de experiências que têm por base a expressão do contato com o *ser interior* em expansão de consciência.

Isso não significa menor *status* para a imaterialidade. Ao contrário, penso que ela ocupa um lugar central no mundo. Se considerarmos os determinantes nos quais se sustenta (Trinca, 2019), ela é um conceito-síntese. Por ela, torna-se possível apreender o mundo numa visão global, que serve de referência para se pensar no êxtase das coisas. O próprio *ser interior*, cuja não sensorialidade é o centro da vida psíquica, faz parte de uma ordem universal que tem por referência a imaterialidade. Tanto a mente quanto o mundo externo são manifestações de uma corporeidade cujo substrato é pura significação. Significação imaterial.

21. Clareza e distinção no *self*

Tenho insistido na necessidade de superar conflitos, dificuldades, turbulências, destrutividades e caos, com o infindável rosário de atribulações, sofrimentos e desgraças que eles acarretam. Como as contradições e as lutas estão no interior dos fenômenos mentais, faz-se premente a análise do *self*, colocando-o as claras, a fim de distinguir o que é sombrio, mas também o que é luminoso. Para se conviver com o *self*, nada de evasões, e sim de claro conhecimento do entulhamento, da obstrução e do submetimento. Mesmo um *self* inundado de ódio e destrutividade é capaz, pelo conhecimento, de compreender e ceder lugar ao espaço mental apaziguado. A natureza deu ao ser humano não apenas a consciência do conhecimento, mas também a sabedoria inconsciente, que pode fazer chegar à consciência a urgência de harmonização interior.

Geralmente, o psicanalista está ciente dos principais fatores, elementos e processos por meio dos quais cada ser humano toma consciência de sua situação e, assim, evita a cegueira e a escravidão às emoções. Um dos problemas com que a psicanálise se defronta são os meios de facilitação do trânsito para a vida psíquica, de modo a transformar cegueira e impermeabilidade emocionais em comunicações claras e distintas. O propósito de lidar com a mente tem por corolário que o sofrimento não se torne um fator supremo na vida. Ao haver contato e consciência das fontes dos distúrbios, perturbações e comprometimentos psíquicos, pode ocorrer um fenômeno extraordinário: a ultrapassagem dos impedimentos e obstáculos à livre presença e atuação do *ser interior* no *self*, de que resulta a diminuição ou a supressão do sofrimento mental, com amplas repercussões sobre os relacionamentos externos. Lidando com as principais formas de submetimento, aprisionamento e aniquilamento, o ser humano pode se experimentar na esfera da liberdade, da mobilidade e da leveza. Como foi apontado, não se trata de desejo, crença ou magia, mas de superação do domínio das paixões, feita por via do conhecimento. Com toda a sua sensibilidade e sutileza, Spinoza (1999, p. 488) expressou-o do seguinte modo: "Um afeto que é uma paixão deixa de ser uma paixão tão logo dele formemos uma ideia clara e distinta". Em outros termos, a impregnação do *self*, sendo o efeito das paixões, deixa de sê-lo, ao tornar-se compreensão clara e distinta, possibilitando a ação do *ser interior* sobre ele. Ao mesmo tempo que a natureza dá ao ser humano a condição da dor, do conflito e da desarmonia, oferece igualmente meios de superação, que implicam desenvolvimento e expansão. A superação traz à tona da consciência possibilidades de escolhas pensáveis, mas, sobretudo, clareza e distinção quanto ao que é harmonioso ou desarmonioso no *self*, seguindo-se parâmetros da harmonia do próprio ser. Assim, a pessoa tende a não mais se confundir com o que ela não é, restabelecendo-se para ela a verdade interior.

Para haver clareza e distinção, é inevitável que, de oclusivo ou inconsciente, o conhecimento se torne consciente. Quando isso acontece, pode ser ultrapassado o jogo dialético das contradições, e a dualidade no *self* entre construtividade e destrutividade pode ser encarada pelo aumento das disposições não sensoriais. Verifica-se que sempre é possível fazer vingar o conhecimento da ordem interior, que subsiste além dos embates, oposições e conflagrações. Apesar das desarmonias, a vida interior anseia por ordem e busca evitar o caos. Os desequilíbrios na mente são movimentos de descompensação da ordem, que é tomada por referência quando ela se realiza naturalmente. Se a natureza executa movimentos em favor de sua organização e de sua reorganização, o ser humano empreende-os igualmente, em especial quando ocorrem desequilíbrios, sendo isso considerado natural. Processos internos trabalham pela eliminação das anomalias, compreendidas como desestabilização, doença e caos. O mundo, tanto quanto a mente, opera em função da harmonização e dentro de determinada ordem obtida. Na mente, há uma instância na qual essa dinâmica se manifesta e tende a se manter: o *self*. Sendo este uma instância multivalente, nem sempre a harmonização se estabelece de fato. Apesar disso, é inegável que haja internamente uma atividade inarredável que opera em função da máxima harmonização possível, pondo o ser humano em acordo consigo próprio.

Um exemplo significativo é dado pelo atendimento psicanalítico. Um paciente queixa-se de estar cristalizado e paralisado por emoções negativas, que há muito tempo o sufocam. Dizem respeito aos ataques contra si mesmo, por se considerar incapaz e inabilitado para a vida. Tomado por esse estado mental, o paciente não percebe a existência de vida interior. Esta existe e está consubstanciada em seu ser, mas ele não se reconhece como ser, apenas como fracassado. Ao se afastar do contato consigo próprio, sua vida se enche de sofrimento, doença e morte. O paciente, então, começa a falar em suicídio. Contudo, a ultrapassagem dessa situação pode ser tentada por meio do conhecimento do que se instala no *self*, após sucessivos e violentos ataques ao *ser interior*. Uma vez esclarecidos os motivos dos ataques, e o consequente afastamento do contato, há discriminação e clareza sobre o que predomina no *self*. Isso coloca em evidência a distinção entre as forças hostis e as forças de vida, sendo estas consubstanciadas no *ser interior*. O desespero, a paralisação e o pessimismo são dirimidos pela experiência decisiva de haver um centro de florescimento da vida interior, destacado e independente de tudo aquilo que o tenta eliminar. Desse modo, o contato pleno do paciente consigo próprio faz restabelecer a ordem do *self* e, ao reconhecer o seu sistema mental, ele penetra na esfera da harmonização.

É um fato evidente que o princípio de harmonia existe no Universo, sem o qual a vida seria impossível. A superação dos desequilíbrios faz estabelecer ou restabelecer condições a que as forças de vida se instalem e permaneçam. No ser humano, não se trata somente de impor a vontade sobre o caos, e sim de organizar o que está disponível para isso, descobrindo-se e operando-se as forças organizadoras existentes. O próprio processo de adoecimento permite, muitas vezes, observar os encadeamentos necessários ao retorno do equilíbrio, sendo este a referência principal. Nos meandros do distanciamento do contato com o ser profundo, a retomada de contato é normalmente vivenciada com alegria, pois consiste na reconquista da harmonia. Uma harmonia que pode ser alcançada nos diferentes níveis dos processos que se desenvolvem e evoluem.

Sem dúvida, é fantástica a dinâmica reguladora que trabalha em prol da ordem interna e se estende à ordem externa. Se bem ajustada, é capaz de dar coerência à diversidade existente na vida psíquica e unificar a personalidade. Em graus elevados de expansão de consciência, a personalidade torna-se mais bem integrada por conta de grande aproximação entre o *ser interior* e o *self*. Em vez de dualidade, prevalece a influência, a presença e a ação do primeiro sobre o segundo, resultando em graus relativos de unificação das instâncias. Desaparecendo em parte ou no todo a divisão entre estas, impõe-se a tendência à harmonia, que em graus elevados se torna unificação. O *self*, nesse caso, passa a reger-se pelas disposições não sensoriais do *ser interior*. Quanto maior for a aproximação entre eles, maior será a unificação que se realiza. Pela libertação da dualidade e do jogo dos opostos, tendem a acessar os conflitos e, em graus de aproximação máxima, a mente por inteiro silencia.

No silêncio da experiência indivisa, a mente tende a se aquietar em virtude de diminuição considerável ou cessação dos ruídos sensoriais e das turbulências que saturam o *self*. No apaziguamento que se sucede, as experiências revelam o encontro de uma realidade vivenciada de modo desobstruído, ou com o mínimo de entraves e interferências; portanto, mais genuína, mais profunda e "mais real". Veremos, a seguir, alguns exemplos dessas experiências. Nelas, a consciência expansiva relaciona-se de maneira ampla e alargada com o mundo, que pode, assim, mostrar o seu esplendor.

Parte V
Fora do tempo: a pura existência

22. Tempo e silêncio

Quando o *ser interior* passa a ter forte presença no *self*, que deixa de se impregnar por outros fatores, o contato pode alcançar níveis de unificação e levar as experiências sentidas como fora do tempo. Mas, normalmente, qual é o efeito do tempo sobre a mente? Alguns aspectos podem ser determinados para fins didáticos, num contexto praticamente infindável. De modo geral, o tempo condiciona a mente em contingências concretistas, criando macros e microestruturas conceituais e padronizadas, que são filtros determinantes de nossos processos perceptivos, cognitivos, emocionais, compreensivos e outros. Sendo, geralmente, formas predeterminadas, esses processos costumam aplastar e compactar a mente, estabelecendo concepções antecipadamente preparadas para o encaixe dos fatos, subtraindo-se à experiência nova. Mais comum é o viés da captura pelo objeto situacional e pelo invólucro chamativo e imediatista que envolve os relacionamentos. Também, a prisão ao tempo é constituída pela aderência a objetos internos concretistas, a impulsos e pulsões, a desejos e memórias e a emoções predominantemente passionais. Daqui se caminha para a formação de um mundo humano coisificado.

O que seria um descondicionamento mental em relação ao tempo? Em princípio, não se trata simplesmente de empregar a razão para isso, mas sim, como já vimos, de fazer um amplo uso da capacidade de descobrir os enredamentos e de lidar com as saturações da mente, que a transformam em refém da sensorialidade e a submetem ao *statuo quo* categórico incidente sobre ela. O descondicionamento que implica a abolição parcial ou total dos efeitos do tempo diz respeito à experiência pessoal que faz o *self* silenciar-se em relação aos ruídos. Os fatos podem ser concebidos independentemente das características sensoriais determinantes que exercem efeitos sobre o *self*. O silêncio interior é propício a deixar os fatos surgirem como realmente são, desprovidos dos véus prismáticos e encobridores. Na experiência, os fatos libertam-se de um aqui e agora sensorial e todo-poderoso, tendendo a se mostrar em significação universal.

Quando as condições requeridas são preenchidas no *self*, sua tendência principal é de aquietar-se e, em níveis mais elevados da expansão de consciência, silenciar. O silêncio é consequência de diminuição considerável do distanciamento de contato com o *ser interior* e, assim, da sensorialidade e da fragilidade. Como se sabe, isso corresponde à manutenção de uma disponibilidade interna aberta, ampla e livre. Ou seja, o silêncio interior é de natureza não sensorial e aparece sob alta manifestação do contato com o *ser interior*. É um silêncio que vem proporcionar momentos mais ou menos intensos de tranquilidade e paz, que não advêm de renúncias, e sim de experiências expansivas do próprio ser em relacionamento. Por exemplo, numa manhã serena, a pessoa sente-se diretamente em relação com o caráter etéreo das flores, com o voo "líquido" das aves e com a quietude do bosque, não havendo nenhum pensamento adredemente preparado que a perturbe ou a desvie desse encontro fortuito. Não há deliberação, procura ou desejo de encontrar. Ao contrário, a pessoa vê o que se mostra a ser visto, estando espontaneamente presente. Se a mente flutua sem se fixar em seu objeto de conhecimento, a realidade apresenta-se à receptividade de modo aberto. Há então uma vinculação que se dirige às fontes da existência, pelo contato direto e desprovido de engramas conhecidos. Já na experiência, o tempo parece cessar, porque ela se subtrai à temporalidade. Assim, a cena ocorre em silêncio. E em silêncio e existência, o mundo é o mesmo, todavia sem as barreiras intermediárias que interferem em sua apreensão. Assim, o mundo apresenta-se em uma existência nova.

Notamos, portanto, que o silêncio interior se predispõe à presença do silêncio exterior. Os vários graus desse percurso correspondem a diferentes formas de apreensão em que a realidade se deixa observar, contemplar e penetrar. Faz isso de tal modo que especialmente a natureza permite, para nós, o surgimento dos fenômenos no silêncio de seu próprio existir. Podemos, dessa maneira, ir ao fundo da questão existencial, captando a imensidão silenciosa que habita o fundo das coisas e que, por vezes, revela todo o seu fulgor. As coisas que surgem sempre novas mostram suas cores, seus brilhos, sua majestade e, enfim, sua existência no êxtase do que elas são.

Não é infrequente que, na dimensão de sonhos para a vida desperta (Trinca, 2006a), os personagens, as cenas, os objetos tenham uma lentidão e um silêncio peculiares que se contrapõem a toda agitação da mente. Ressaltam figuras que se movimentam sem pressa na solene calma de suas existências. Assim, também, infinitas criações da natureza, em suas formas encantadoras, mostram-se faiscantes de luz, serenas em sua vibrátil energia. As azaleias vermelhas, por exemplo, pouco conservam de sua concretude. Em deslizante suavidade, o sol as faz irradiar, e elas faíscam levemente como plumas em silêncio imóvel, transfigurando-se no fulgor imaterial sem tempo. A ordem das coisas em plena quietude constitui uma harmonia, que se apresenta no desabrochar do instante silencioso.

O silêncio é cheio de vida e de significação. Há uma natureza exuberante e enigmática, um mundo infinitamente diversificado e pululante, uma vida solta e silenciosa, uma festa para os olhos e um apaziguamento para o espírito. Tudo isso se oferece em imaterialidade fugidia, por vezes surpreendente em seu deslizamento fluido, fora e além do tempo. Para nós, está disponível o dia ameno de sol, os pássaros cantantes, a felicidade simples, sem exigências nem conflitos, que podemos sorver pelo mero ato de viver e de participar.

A unificação entre o *ser interior* e o *self* faz brotar dentro do silêncio uma nova modalidade de relacionamento. Por vezes, como vimos, o silêncio manifesta-se de forma abrangente ou totalizante e, na experiência, não há distinção entre dentro e fora, nem divisão entre observador e observado, como descreveu Krishnamurti (1965). Aquilo com que se está em relacionamento torna-se parte da totalidade que abarca tudo, completamente livre do tempo, e recende a vida inexaurível, sem começo nem fim. A experiência concentra-se num ponto (num aspecto da natureza, num ser humano, numa obra construída, no que for) que, no entanto, não se separa da própria totalidade em si mesma inacessível, enquanto a mente se estende pela amplidão não limitada por tempo ou por espaço. São experiências muito antigas, comunicadas por inúmeras vezes na História da Humanidade. No século XI da era cristã, Houang T'ing-kien, letrado chinês, escreveu que um virtuose tocador de cítara sabia esquecer o instrumento e a si mesmo ao contemplar, em silêncio e solidão, a calma das fontes e dos picos elevados, acompanhando a lua clara, o rio calmo e a brisa apaziguante. "Assim, sem palavras, somos conduzidos à nossa verdadeira natureza", como dizia o poeta (Demiéville, 1986, p. 371).

23. Tempo, cultura e memória

Para um espírito verdadeiramente aberto, os sentidos dos fatos alargam-se e ele pode apreender a luz imaterial que se desprende dos acontecimentos. A mente que se abre em descompressão do tempo torna-se plástica e deslizante, contemplando com sentimentos de abrangência os acontecimentos históricos, que passam a inscrever-se em perspectivas universais, globais e cósmicas. Ultrapassando as contingências temporais e situacionais, a experiência de imaterialidade permite pôr os relacionamentos sob o olhar de uma memória ancestral. Esta se nutre de fontes antigas e, para ela, importa menos a historicidade em si e mais o fato de que a linguagem dos séculos e milênios comporta os enigmas do destino humano, ressoando como uma brisa atemporal. A luz que refulge na mente fortalece a captação de significados perenes, que se comunicam com a elevação espiritual no mundo em que vivemos.

Nesse espaço de acolhimento, é possível perceber não só a correnteza profunda que anima a existência de cada ser, como também os valores ancestrais e as leis naturais, que não foram escritas por mãos humanas. De igual modo, os legados das civilizações passadas reapresentam-se em cenários ancestrais e em origens cravadas no seio do Universo perene, revestindo a memória espiritual da humanidade.

Os tesouros desenterrados da poeira dos tempos exercem sobre nós um imenso fascínio. Quando se referem à memória imaterial, as obras deixadas na correnteza histórica, ainda que tenham sido feitas com outros propósitos, perdem seu significado sensorial e passam a pertencer a uma temporalidade sem tempo. Nosso espaço mental se soleniza, colocando-nos em união com imagens imemoriais, cuja vibração é atemporal. Nelas, sentimos que temos raízes antiquíssimas, ligando-nos à humanidade de todos os tempos e lugares. Essas obras nos fazem ter a consciência de pertencer a uma argamassa cultural em comum, que nos dá verdadeira feição humana. Elas transmitem as realizações e os ideais mais nobres e elevados do espírito humano através dos tempos. Em nossa mente, as obras transfiguram-se a fim de se tornarem representações e símbolos da evolução cultural da humanidade, na direção de sua mais lídima humanização.

Basta nos lembrarmos, por exemplo, dos vestígios deixados pelos povos antigos em pedra, argila, ouro, marfim e pedras preciosas, assim como dos textos de sabedoria, das construções magníficas e das realizações supremas em literatura, pintura, música e demais formas de arte, por meio dos quais as civilizações do passado se comunicam conosco, legando-nos uma memória espiritual. De que outra maneira poderíamos conceber as pirâmides do Egito, a acrópole de Atenas, as pinturas das cavernas pré-históricas, as grutas da Índia, as catedrais góticas, as construções maias e os objetos da Idade do Ferro na Europa? Infinitas são as formas pelas quais se apresentam as obras que despertam nossas imagens coloridas e nos convidam à comunhão com um universo atemporal. Elas falam de uma relação sagrada com o homem de sempre, aquele ser humano que é fundamentalmente o mesmo em sua feição humana essencial, perdurando através das eras.

Cada fragmento dessa memória serve para a espiritualização da vida humana pela cultura, mas insta, igualmente, a uma reverência pelo inefável, que se espalha por todos os tempos. No infindável desfile dessas obras, encontramos indicações de que algo foi e continua a ser compreendido a respeito da complexidade do todo que nos envolve. Uma complexidade que se associa ao contexto da vida humana num mundo que é continuamente construído e destruído, mas permanece fundamentalmente incontaminado e puro no horizonte da experiência atemporal.

Dessa atemporalidade participam não apenas as obras criadas por mãos humanas, mas também a própria paisagem histórica em que os seres humanos vivem. Se o conhecimento histórico se destina à abertura dos horizontes da cultura, ele transporta, também, um colorido, uma luz e uma abrangência que fazem alterar nossa orientação a respeito dos processos globais em que nos inserimos. Por vezes, certos acontecimentos históricos nos penetram como uma música maravilhosa, para os quais somos receptividade pura. Fazem-nos mergulhar na mais límpida claridade, como num dia festivo de sol, envolvidos na imaterialidade que se põe além do tempo. É quando sentimos haver na marcha histórica um sentido longevo e sagrado que determina a construção dos valores mais elevados, despertando-nos para a antiguidade imorredoura da memória espiritual da humanidade. Esta se impõe, então, como um acontecimento que deixa de ser pontual e sensorial, a fim de se tornar um valor eterno, pertencente a todos os tempos. Para isso, nosso espaço mental necessita estar livre da memória sensorial, que acumula o já sabido e contamina a experiência nova.[1]

A atemporalidade, sendo uma vivência de silêncio interior, é em si mesma uma experiência nova, recusando-se à repetição congelada

---

1 Temos nos referido às diferenças existentes entre a memória sensorial e a memória imaterial. Ver: Trinca, 2006a; 2008; 2014; 2019.

do idêntico. Aquilo que é sentido como perene tem seu pertencimento ao sempre e retorna para vivificar a imaterialidade em todas as épocas, apresentando-se, a cada vez, como experiência nova. Assim como as grutas de Vézère estão sempre lá para abrir espaço ao sonho de haver unidade do espírito humano, as obras imorredouras existem não para repetir o mesmo, mas para unir a humanidade num corpo total, fora e além do tempo. Fazem-nos lembrar de Emerson (2005, p. 44), que disse: "Quando um pensamento de Platão se torna um pensamento meu, quando uma verdade que incendiou a alma de Píndaro incendeia a minha, o tempo deixa de existir".

Se os fatos e as relíquias de longa data tendem a perder sua significação temporal, os acontecimentos atuais, quando se inscrevem nos destinos de uma ordem universal perene e são compreendidos como realizações de leis e princípios universais, podem vir a participar, igualmente, da memória espiritual da humanidade. Um fato existente hoje pode adquirir significação numa cadeia de ocorrências que dirige a marcha histórica, perpetua o sentido da vida e ajuda a construir o planeta. Ligando-se ao passado antigo, um gesto atual pode representar, como um rabisco rupestre vindo da época das cavernas do Paleolítico Superior, todo o sentido universal que uma consciência desperta atribui a algo que sempre existe. Esse gesto se torna um eco de coisas longínquas, antigas e eternas de que temos intuições e conhecimentos, por vezes sem o saber. Teria sido com esses pressentimentos que Péricles embelezou a colina rochosa de Atenas? Na ordem das coisas que atravessam eras, em contexto de insondabilidade e devir, uma coisa eterna habita a efemeridade do momento atual, ressoando apelos ao nosso espírito.

A identidade humana fundamental é constituída na relação com valores ancestrais. Todavia, a cultura estabelece dois planos distintos de manifestações, sendo um deles sensorial e o outro imaterial. Enquanto uma memória se circunscreve ao tempo, a outra se harmoniza com a não sensorialidade do espaço mental. A primeira diz respeito a tradições, ideologias, crenças, sistemas, padrões e valores de todos os tipos, que condicionam a mente e criam substratos sociais educacionais, culturais, políticos, econômicos, religiosos e outros. Como vimos, é uma memória construída por meio de medos, desejos, ódios e outras tessituras sensoriais, que atuam nos níveis individuais e coletivos. Ela chega a formar e a manter macroestruturas sensorializadas, que determinam as dinâmicas do *self* individual, assim como a natureza da própria correnteza histórica.

A outra memória é imaterial, e dela já nos ocupamos nas páginas precedentes. É interessante acrescentar que ela se diferencia por ser um espaço de criação, operando em prol do desenvolvimento humano e do patrimônio cultural da humanidade, em contraposição a toda forma de coisificação, massificação, sectarismo, submetimento e violência contra os valores humanos fundamentais. Sob esse prisma, a historicidade liberta-se dos processos sensoriais acumulativos e finca suas raízes em dimensão imaterial. Em cada época da história humana, é possível encontrar os sentidos de ligação com a vida e o viver, que fazem ampliar as noções de realidade.[2] Pela penetração num fundo cultural em comum, descobrem-se os processos facilitadores da humanização, em razão da compreensão da realidade imaterial, que ressignifica em nível profundo a experiência pessoal. O contato com a memória imaterial tende ao resgate do ser humano essencial, aquele que, independentemente do tempo, está revestido das cores mais puras, dos brilhos mais profundos e da amplitude mais significativa em toda a sua relação com a vida.

2 A esse respeito, pode-se consultar Trinca, 2019.

24. A apreensão da atemporalidade

Tenho persistido em dizer que um alto grau de contato com o *ser interior*, tornando límpido o *self*, tende a eliminar o estado geral de ruído da mente, causador de vieses e distorções. Pode sobrevir uma tranquilização ampla, condição necessária à apreensão direta dos fatos. Insisto que se trata de um prisma mental muito vasto de abertura à descoberta do mundo real, no qual se inclui a atenção ao fundo abismal da realidade. Se a invisibilidade é inesgotável, o ponto central está em observar que se torna possível perscrutar de diferentes maneiras os enigmas invisíveis, remotos e misteriosos. Mais do que isso, do fundo remoto das coisas recebemos influxos, significações, bondade, vigor e amor, que nos nutrem, dilatam e apaziguam. Nossa existência tem a ver com o desconhecido e com as descobertas que fazemos do mundo, alimentando experiências novas e dando-lhes um sabor especial. Isso significa que a profundidade de nosso ser se dirige à profundidade do mundo, em reverberações recíprocas.

Na limpidez e no silêncio da mente, sabemos que o tempo que a condiciona pode deixar de ter importância, de modo que o espaço potencial de liberdade e leveza se manifesta naturalmente. Nessas condições, algo novo costuma aparecer, em especial a atemporalidade. Esta corresponde a uma experiência que não se prende ao tempo, estando fora ou além do tempo, pois para ela o tempo não conta. Como experiência, mais do que como princípio, o tempo cessa e, ao cessar, o que aparece em consequência (uma imagem, um acontecimento, uma cena etc.), por não se situar no tempo, pode ser experimentado como pertencente a todos os tempos ou, ainda, como algo permanente, que sempre esteve aí. Não se trata de um arquétipo, tampouco de uma Ideia platônica, que são concepções abstratas, mas de percepções, imagens, intuições e compreensões diretas de uma realidade que se impõe aqui e agora como fora do tempo. Abrindo-se a mente à atemporalidade, um dia ensolarado na paisagem de campina verdejante afigura-se como eterno, oferecendo-se indiferentemente ao caçador pré-histórico, ao monge budista dos primeiros tempos, ao monge cristão da Igreja medieval e ao agricultor moderno em sua propriedade rural.

Desembaraçada do espaço-tempo situacional, a apreensão da atemporalidade tende a revelar a pura existência daquilo com que nos relacionamos. Se o tempo imediato é abolido na experiência, o que aparece poderia, também, se situar em outro tempo, sendo este independente de nossos desejos, propensões, imaginações, medos ou quaisquer dificuldades sensoriais. Pode ocorrer, igualmente, que o ritmo dos acontecimentos se torne mais lento, parecendo que temos muito tempo. Em todos os casos, a experiência atesta que a vida existe como tal, apresentando-se alheia à azáfama e ao torvelinho de uma sensorialidade que, por vezes, se torna aberrante. Estamos tão acostumados a nos sentir dentro do tempo que se torna difícil suspender o enquadramento à sensorialidade do instante onipresente. O peso deste, com tudo o que implica, é tão forte que vivemos no engolfamento das coordenadas espaço-temporais. Contudo, ao descobrirmos a novidade contida no momento vivencial, o mundo passa a vibrar em silêncio e majestade. A atemporalidade tem por princípio a existência móvel dos seres no frescor de suas existências. Eles são acolhidos como ecos longínquos dos amplos movimentos harmoniosos da vida. Dessa maneira, a atemporalidade não se dissocia da imaterialidade.

A ternura do mundo desvela-se nas coisas menores, assim como nas maiores, fazendo-nos sentir e admirar a fragrância atemporal. As plantas de uma região campestre, a vida dos animais e dos outros seres, os horizontes infinitos da paisagem são percebidos como coisas que se sucedem além do tempo, numa dimensão em que flutuam silenciosamente, como realidades distantes, mas seguras de um mundo que lhes serve de continente. A bendição da natureza sobre a terra é algo que acontece hoje, como acontece sempre, exprimindo-se no mato que cresce, na água que jorra da fonte, no grão que amadurece no campo e em toda parte onde se encontra a vida. O tempo cessa no instante preciso de captação dessa realidade que ocorre sempre. Alguns lugares, como os cumes nevados das montanhas, são espetáculos grandiosos que nos tocam sempre, nos dão um senso de atemporalidade, assim como emocionaram Kant em sua época, fazendo-o refletir sobre a sublimidade. Nas epifanias das dissoluções do tempo, sintonizamos igualmente o fundo dos abismos da realidade, espelhados nos grandes fenômenos da natureza, que aparecem como coisas remotas dando-se agora. O impacto estético logo se faz sentir como cintilâncias imateriais que parecem provir da vida infinita, sem começo nem fim, estendendo-se por tudo.

Nas simples imagens espontâneas da mente já encontramos um desvestimento temporal que as torna desvanescentes e puras. No seu silêncio existencial, elas refulgem para nós em sua graça estética, que faz o tempo parar. Muitas vezes não são mais do que vagas intuições, outras vezes são indicações precisas a respeito de uma realidade cujo tempo se dissipa, ressaltando a significação essencial da fisionomia do mundo no qual elas habitam. Não deixa de provocar interesse o depoimento de alguém que vivencia a atemporalidade dessas imagens. Sentado numa poltrona, um homem olhava sua mulher junto à janela da sala, que filmava um bosque por onde passava um bando de pequenos macacos. Enquanto ela filmava, ele notava que as cores da blusa da mulher, assim como a padronagem, tinham grande semelhança com a aparência dos pelos dos macaquinhos (em formas, cores e disposições sobre os corpos), causando uma impressão engraçada. Naquele momento, a observação não foi além. Mais tarde, ao se deitar e estando ainda desperto, o homem teve uma imagem mental espontânea de grande valor heurístico. Nela, havia um homem e uma coruja face a face um do outro, estando muito próximos e, ao mesmo tempo, sendo muito parecidos na forma, na cor, na roupagem e na própria fisionomia. A imagem durou poucos segundos, mas fez o homem refletir que ambos os seres, ligados por características em comum, não eram separados, mas unidos entre si. O homem e a ave pertenciam ao mesmo universo de significações, sendo irmãos na unidade e na diversidade da vida. A imagem eliminava todos os aspectos secundários dos relacionamentos entre os seres humanos e os animais (preconceitos, valores, interesses etc.), a fim de ressaltar somente a significação essencial, vivenciada em um depuramento silencioso. A imagem trazia à consciência a significação mais profunda do mundo, presente nos relacionamentos entre os seres, como a fraternidade, a afetividade, o respeito e o amor. Assim, de modo geral, as imagens desse tipo representam um mundo despojado da temporalidade que o limita e o encobre. Elas dirigem apelos à visão ampla, à globalidade e à universalidade.

Em nossos bons momentos, aquele universo que é refletido nas imagens mentais espontâneas pode ser diretamente captado pela percepção e pela compreensão. Nossa atenção direta aos processos universais da vida pode abrir as portas a perspectivas atemporais. Valores universais e perenes participam dos movimentos existenciais dos seres que, vindos da obscuridade, caminham para uma obscuridade ainda maior, deixando em sua passagem os sentidos de pertinência a leis e destinos inescrutáveis, fora do tempo, a que devemos prestar reverência.

O conhecido não nos deve cegar para o desconhecido, assim como o temporal para o atemporal e o transitório para o eterno. O desconhecido, a atemporalidade e a eternidade fazem parte do mundo em que vivemos. Não se trata de concepções metafísicas que invocam uma pureza totalmente incorruptível. Não sendo abolido o mundo, este não cessa de durar e, simultaneamente, de se revelar como desconhecido, atemporal e eterno. Cada instante contém a eternidade, como manifestação do sempre no agora. Despidas as roupagens do tempo, cada momento passa a ser único em sua significação, trazendo a marca do eterno no efêmero. Por isso, William Blake (1988, p. 23) pôde dizer que "a eternidade vive enamorada das obras do tempo". A eternidade seria vazia sem o tempo, do qual ela extrai a duração.

25. O ser humano de sempre

Em expansão criativa, sempre é possível ir ao encontro de nosso ser e ter contato com nossas feições humanas mais profundas. A abertura à não sensorialidade predispõe-nos a experiências alargadas com as raízes universais da vida e com a humanidade em sua globalidade. Estando realmente presentes em nosso núcleo fundamental de existência, podemos sentir que nos comunicamos com o fundo do Universo. Ao fortalecer as noções a respeito de nós próprios, não está excluído o aparecimento de um fundo existencial primário em nós. O contato com nosso ser, em sua verdade original, pode se expandir a ponto de resgatar sua pertinência aos abismos profundos da existência, sendo experienciado como figura imemorial que nos habita. O espaço interno abre-se à sintonia com uma raiz primordial que fecunda nossa existência, fazendo-se sentir no *self*. Emerge a experiência de um ser sólido e amplificado, tendo sua vida ligada fraternalmente aos demais seres do Universo. No entanto, nossa individualidade não submerge nesse contato; ao contrário, enriquece-se a identidade humana substantiva. Pela atualização do contato, permanece o ser que reconhecidamente sempre somos, acrescido da experiência de sua existência num continente prototípico. Assim, podemos situar e compreender a afirmação de Bachelard (1986, p. 166) de que "a essência do ser é um bem-estar enraizado no ser arcaico".

Para essa identidade, o tempo não constitui o fator mais importante, porque ela é a identidade humana em comum e a face humana fundamental, potencialmente presente nos seres humanos de todos os tempos e lugares. A ancestralidade está contida aqui e agora no ser humano atual, sendo a face de sempre, aquela que corresponde à natureza essencial da humanidade. Por essa face, a pessoa que somos é, simultaneamente, o ser humano de longínquas eras, pertencente a todos os tempos humanos, pois é essencialmente a face primordial que nos habita e que, em certas circunstâncias, pode assumir uma posição central. Não se trata simplesmente da memória, na qual o dia de hoje dá prosseguimento ao passado, nem tampouco de que o ser humano de hoje seja idêntico ao do passado, mas sim que há em cada um de nós uma face liberta da prisão ao tempo, que nos torna unos com a humanidade em seu corpo total. Se não nos prendemos ao tempo, a experiência pode se aproximar de relacionamentos essenciais com aquilo que sempre acontece, independentemente das circunstâncias. Somos simples visitantes da atualidade, sendo a Terra inteira a nossa morada, em qualquer tempo ou lugar, abrindo-nos ao acolhimento abrangente, desprovido de envolvimentos conjunturais. Desse modo, faz-se presente, aqui também, a experiência de atemporalidade.

Sendo não sensorial a natureza do *ser interior*, este contém em si mesmo a possibilidade da experiência de atemporal. As raízes do ser mostram-se em relação com as expressões imateriais do mundo no contato com fontes antigas, onde se saciam os seres humanos de todas as épocas. Nós as encontramos nas infinitas manifestações culturais que, participando de uma ordem que atravessa o tempo, constituem realizações supremas. Assim, o ser humano transcende a si próprio, mergulhando suas raízes nas raízes do Universo. Ao contemplar deste a face antiga e sempre nova, como as constelações no céu estrelado, os valores sempre válidos tornam-se visíveis no espelho das eras.

A feição em comum que cada um de nós tem com os seres humanos de todos os tempos faz de nós seres perenes, pelo fato de subsistir a essência primigênia, sem que por isso seja abolida a individualização como manifestação privilegiada da identidade individual. O ser humano perene, que caminha nas brumas dos séculos e dos milênios, revela-se na experiência pessoal, por vezes como obscuros pressentimentos, vivenciados nas profundezas da mente e compartilhados por seres sensíveis de todos os tempos e lugares. Nele, subsiste intacta a centelha de vida, que se expande sem deixar de ser a mesma em sua necessidade interior. Dessa maneira, compõe-se a identidade em seu fundo existencial primário do qual ela se torna uma expressão. Isso nos liga ao espírito humano em comum, que a modernidade e a pós-modernidade se empenham em não reconhecer. Contudo, por ele temos a humanidade consubstanciada em sua unidade espiritual.

Se, em parte, o ser do ser humano existe fora do tempo, o mundo pode igualmente se lhe apresentar assim. Este se oferece como um fundo em comum, do qual fazemos parte. A identidade humana em comum comunga suas percepções, compreensões e valores com a humanidade unificada pelo fundo imaterial em comum, no qual distinguimos a nossa face dentre outras faces, reconhecendo-nos no que há de comum entre nós e os outros. A face de cada um espelha as outras faces na primordialidade que lhes constitui e, nessa experiência, compartilhamos com os demais uma fraternidade universal. Muito mais profunda e verdadeira é essa fisionomia ancestral, pois nela não há divisões e conflitos de raças, cores, crenças, formas de viver e de pensar que nos separam e nos destroem. Por ela, somos compostos da mesma argamassa em comum, da qual se constrói a humanidade. O espírito de comunhão universal é muito antigo, tanto que Terêncio, no século II a. C., legou-nos uma sentença proverbial: "*Homo sum, humani nihil a me alienum puto*".[1]

Não se trata, porém, da alma universal que (para quem o crê) paira indefectível sobre todos, derramando suas benesses, mas sim da alma individual, comum a todos, pela qual uma vida humana, por simples que pareça, participa *lato sensu* dos destinos da humanidade. Cada vida humana se entrelaça e se liga a toda história do planeta Terra, a toda história da civilização e ao Universo como um todo. As raízes universais, comuns a todos, unem os seres humanos entre si, do mesmo modo que são unidos pelo ar, pela luz e pelo fundo imaterial das coisas, que não pertencem particular e exclusivamente a ninguém. As afinidades que unem as existências remotas dos seres transcendem as individualidades fechadas em seus egocentrismos, a fim de se abrirem como espaços potenciais a infinitas possibilidades de evolução da humanidade do ser humano, que se realiza no tempo.

Conclui-se que há na interioridade humana uma disposição para a captação do âmago das coisas, que sintetiza de modo amplificado a grandeza, a majestade e a sublimidade contidas na existência imaterial do mundo. Tenho lembrado que essa disposição não exclui a necessidade de reconhecimento dos escombros da tragédia humana, disseminados pelo vendaval de destruições, autodestruições e horrores incalculáveis que se descortinam abertamente. Contudo, o impulso original de vida é essencialmente criativo e, ao estar suficientemente presente no contato com o *ser interior*, faz irromper uma imensa força construtiva, formando matrizes nas relações internas e externas, de tal modo que as raízes da existência podem

1 Frase do livro *Heautontimorumenos* (*O carrasco de si mesmo*). Em tradução livre, feita pelo autor: "Sou um homem, por isso considero que nada do que é humano se alheia a mim", significando que tudo o que é humano me diz respeito.

se manifestar até nas coisas mais comuns do derredor. Em silêncio interior, as imagens que nos habitam tendem a revelar o ser humano de sempre, em ligações perenes, e assim passamos a acolher o encanto da vida.

Parte VI
A ordem da natureza

26. A ordem estrutural

Tenho me referido por inúmeras vezes aos princípios e leis fundamentais da natureza, que alcançam a realização de uma ordem monumental e espantosa, seja em sua globalidade, seja em suas particularidades. Os princípios e leis, tanto gerais quanto elementares, manifestam-se por toda parte como processos sofisticados da natureza. Eles são estudados por diferentes disciplinas nos domínios físicos, químicos, biológicos, psicológicos e outros, por exemplo, como componentes físico-químicos, constituintes universais da matéria, elementos moleculares em interação, estruturas que se formam na complexidade da organização da matéria e, especialmente, como vida que emerge dessa complexidade. Em vários níveis, há fenômenos que se ligam entre si, dando forma à organização do todo, assim como das partes, de que sobressaem as grandes leis da existência universal, da existência dos seres vivos, da evolução das espécies, das funções da mente, e assim por diante. Os processos formadores gerais muitas vezes correspondem a forças primordiais de organização que se perenizam.

Mesmo que seja impossível estabelecer-se o fato da organização sem se levar em conta a desorganização, é certo que os destinos do mundo estão atrelados à constituição da ordem universal. Isso significa que os princípios e leis estabelecidos compõem os alicerces de construção da realidade, dando organicidade às dinâmicas dos conflitos, das turbulências e do magma em ebulição nos processos naturais. A própria natureza encarrega-se de dar ordem, quando a necessidade se impõe e as condições forem propícias. De modo geral, como vimos, a lei da criação sobrepõe-se à lei da destruição, resultando em que, sob os princípios fundantes, o Universo como um todo se encontra em processos autoconstrutivos.

Para tanto, o binômio transformação/estabilização mantém-se nas leis gerais da natureza. Se isso é uma evidência, importa refletir sobre o fato de que a natureza possibilita a existência de um continente em que se dão essas ocorrências. A própria matéria, submetida a leis, cria estados de concentração e de dissipação de energias, que produzem equilíbrios e desequilíbrios, fazendo movimentar os processos criativos. Éric Karsenti (*apud* Radier, 2019, p. 68), um experiente biólogo e pesquisador francês, apontou que "o não equilíbrio da matéria . . . indo da ordem à desordem, é a via mais extraordinária inventada pela natureza para coordenar os fenômenos e tornar possível a complexidade". A realização da tendência à estabilidade, que responde pela criação de formas inteiras e complexas, é obtida considerando-se a própria dinâmica da instabilidade. A conquista daquela, porém, não se encerra no simples equilíbrio das forças em jogo, e sim na harmonização que pode se lhe seguir. Nem sempre isso acontece, mas, ao se realizar, revela até onde as forças de organização estendem o seu domínio. Se com a idade de um bilhão e meio de anos o Universo já formava galáxias, esse fato não constitui uma prova de algo constante que se realiza, se estabiliza e dá continuidade até o ponto de se fazer ouvir a "música das esferas"?

Nas expressões harmoniosas da natureza parece haver algo propriamente miraculoso e incompreensível. Como se torna possível que haja essa construção da beleza e da forma mais completa nos fenômenos? O fato é que a ciência coloca em evidência, de modo cada vez mais aprofundado e distintivo, os fundamentos empíricos da tendência à auto-organização complexa. Já em pleno século XIX, Stuart Mill observou que o todo é mantido pelo entrelaçamento de uma tessitura geral, mas a ideia de Eros universal, constituinte da ordem do mundo, vem diretamente do pensamento grego. Hoje podemos afastar a noção de harmonia preestabelecida, proposta por Leibniz, em razão de seus traços teológicos. Resta pensar, com Einstein, que essa pesquisa cabe à ciência, e o cientista deve se concentrar nas leis elementares mais gerais. A ciência estabelece o lugar da natureza como constituinte de organizações e sistemas que se interconectam em planos múltiplos, tendentes à unidade estrutural.[1] Dessa maneira, faz-se justiça à natureza em seu caráter organizado e estético. Ao acompanhar o fluxo das coisas, pode-se perceber que a natureza não alimenta intenções de realizar harmonizações, mas estas se realizam de fato por intermédio de leis e princípios. Disso pode surgir uma visão da realidade que converge ao encontro das melhores realizações possíveis, de modo a formar composições delicadas, sutis, primorosas e imateriais.

Essa visão se distancia da concepção niilista da natureza, interpretada como uniforme, indiferente e repetitiva. Trata-se, agora, de considerar a abertura que a natureza oferece, ao descortinar os seus processos tanto em grande como em pequena escala. Não é extraordinário esse caráter em aberto da realidade? Repercutindo no ser humano, é a própria condição de mobilidade que, na mente, se faz elástica, nutrindo os sentidos e significados de modo tão vivo quanto a vida em geral. Então, para o ser humano, a realização é experimentada como atingimento de uma inteireza, que é disposta pela natureza em seus processos de equilíbrio, organização e harmonia.

1 Ver Prigogine e Stengers, 1984.

27. A ordem evolutiva

Podemos, agora, voltar a nossa atenção ao ser do ser vivo, conjecturando a respeito do papel que ele desempenha no processo evolutivo da espécie humana, mas também, em geral, das outras espécies. Se o ser, para o ser vivo, constitui uma expressão central da vida, e se esta é um valor supremo, a criação, a manutenção e a expansão da vida passam a ser um dos motores da evolução biológica, concentrando no ser uma de suas bases. Tudo é feito de tal maneira que a preservação e a fruição da vida se deem dentro das melhores condições possíveis, tanto para os indivíduos quanto para as espécies. Por isso, torna-se imprescindível focalizar os processos e as formas que cada espécie inventa para dar conta da sobrevivência, da adaptação, do desenvolvimento e da expansão. Estudos gigantescos têm sido realizados no âmbito interdisciplinar e multidisciplinar para, em especial, apontar como os sistemas vivos se organizam e como a vida se diversifica e se torna complexa. A atenção ao primado da vida não deixa de estar em primeiro plano. Para o universo orgânico, muito mais flexível e plástico do que o universo inorgânico, a natureza inventou a vida do ser, na qual a ordem alcança dimensões indescritíveis. Nela aparece o prodígio do ser vivo complexo e organizado.

Já me referi às funções de um organizador central, que é característico do ser vivo, quando este é capaz de auto-organização autônoma. Em tais condições, esse ser não prescinde de um sistema básico de estruturação, que se constitui em processador das interações tanto com o organismo quanto com o ambiente externo. Ele desempenha um papel fundamental em relação aos processos seletivos, ao longo do tempo. A existência e a continuidade desse ser e dos processos de organização que ele promove nas espécies são essenciais para se compreender a ordem evolutiva. Como há três estados nas relações de cada indivíduo com o seu ser (oclusivo, inconsciente e consciente), pode-se admitir que esse modelo se estende e se aplica a outras espécies, além da espécie humana, com diferentes níveis e formas de estruturação.

O que significa voltar a atenção ao ser vivo? Pode haver o encontro de uma ordem interna, de igual modo que no plano físico há uma ordem externa. Às discrepâncias, às contradições, aos conflitos e aos embates contrapõe-se a ação harmonizadora que, partindo da inteireza do ser, lida com obstáculos, dificuldades e anulações até atingir a melhor realização possível nos processos de equilíbrio e de harmonia. É interessante constatar que esses processos geralmente estão em relacionamento com a natureza para o encontro de melhores condições de enfrentamento e para o alcance de melhores resultados e repertórios adaptativos. Há grande diversidade de situações, de modo que tanto os indivíduos quanto as espécies buscam e realizam os processos que com eles melhor se coadunam.

Contudo, há que se considerar os termos básicos da evolução das espécies, pelos quais as mutações casuais dos genes e as modificações genéticas controlam os processos hereditários. Desde esse ponto, a seleção natural entra em cena para separar, filtrar e dirigir o que permanece ou não como fatores e sistemas genéticos nas populações, dando origem a distinções e diversidades nas espécies e nas outras manifestações morfológicas, classificadas pelas ciências biológicas.

Na verdade, os fatores básicos, reguladores da evolução biológica, são as mutações e as recombinações genéticas, associadas à seleção natural, às migrações das espécies, às modificações geográficas e ambientais, entre outras (Pessoa, 1970). A questão consiste em encontrar, no seio dos mecanismos clássicos descritos pelo evolucionismo moderno, um lugar de existência para o ser do ser vivo em sua tendência ao equilíbrio e à harmonia.

Não parece difícil pensar que, na espécie humana, o *ser interior* tem seu lugar e sua atuação justamente no espaço situado entre as modificações genéticas (compreendidas as mutações) e a seleção natural. Nesse espaço intermediário, a espécie humana estabelece uma dimensão de referências vivas (que não são somente conscientes), fazendo toda a diferença em relação à seleção natural, porque introduz possibilidades de organização criativa. Isso pode fazer diminuir os níveis de fatalidade. Enquanto as duas pontas do processo evolutivo exercem efeitos relativamente automáticos, a ação do *ser interior* pauta-se por apelos vivos às raízes da existência, operando sobre a seleção natural. Não só incide sobre esta, como também sobre outros agentes básicos da evolução, a saber, as alterações ambientais, as migrações e os isolamentos geográficos e reprodutivos. Havendo um ser que propugna pela vida, os múltiplos caminhos evolutivos não ficam inteiramente por conta do acaso; ao contrário, convergem para a organização e, desta, para a harmonização. Esse ser apresenta leis próprias e inconfundíveis, fazendo dele um sistema organizado *sui generis*, e não simplesmente um padrão morfológico tipificado, aplicável indistintamente a determinada população, como a cor dos olhos ou da pele. O aparecimento do ser no ser vivo, sendo ligado às próprias raízes da vida, é um evento fundante, característico e único, que pode ser associado, sem dúvida, tanto às bases genéticas quanto ambientais.

A psicologia evolucionista, uma ciência que se fundamenta em princípios darwinistas e neodarwinistas, considera "a existência de uma natureza humana universal, constituída de mecanismos psicológicos, produtos da evolução" (Oliva *et al.*, 2006, p. 3). Para essa ciência, há um processador central, compreendido como uma arquitetura mental resultante da seleção natural, que opera em interação com as bases biológicas, nas quais se representa a plasticidade das estruturas neurais. Estudos realizados mostram que as estruturas cerebrais se modificam em função das trocas sociais, cuja natureza é simbólica (Oliva *et al.*, 2006). Nesse contexto, pode-se situar a presença e a ação do *ser interior,* sob uma perspectiva que abrange a identidade genética associada à identidade construída nas interações com o ambiente. Trata-se de uma perspectiva de funcionamento global, que modifica as estruturas cerebrais e, ao longo do tempo, as integra na forma de conjuntos. Desses conjuntos participam as conexões sinápticas, de modo que a construção do processador central está em conformidade com os caminhos evolutivos da espécie. Assim como a plasticidade neural, o *ser interior* é constituído por uma estrutura genética em interação com o ambiente, cuja composição permanece sob os efeitos do processo evolutivo como um todo.

Fica claro que o *ser interior,* como processador central, tem funções de compatibilização, sintetização e harmonização das relações internas e externas. No processo evolutivo, é essencial considerar que a estruturação e a organização são dadas de acordo com as atividades plásticas e móveis emanadas desse ser. Estas proporcionam direcionamentos e mudanças consoante os princípios da seleção natural, levando-se em conta que, na imensa variabilidade, há escolhas das melhores rotas em consonância com a própria vida, tomada aqui como um princípio centralizado no ser. A ordem que surge dessa maneira não é uma construção feita às cegas, mas sim direcionada pelo princípio de vida, com o emprego do que está ao alcance, dentro das condições existentes. Pode-se dizer, portanto, que se manifesta de modo coerente na espécie humana a criatividade ímpar da natureza.

É natural que, nessa conjuntura, possamos inserir as funções do *self*, uma vez que o *ser interior* não exerce suas atividades independentemente daquele. Como sabemos, a natureza logrou a construção do *self* para ser depositário e mobilizador dos múltiplos aspectos discrepantes e contraditórios, assim como daqueles sintetizados e organizados sob a influência, a presença e a ação do *ser interior*. Do ponto de vista evolutivo, a natureza colocou necessariamente o problema das transformações incessantes que, para o ser humano, são da alçada do *self*. Para elas, o *self* torna-se abrigo, "digestão" e campo de filtragem, entre outros aspectos. Importam sobretudo as desarmonias, porque criam o não equilíbrio, que faz movimentar os processos de diferenciação e de mudança, oferecendo condições propiciadoras de diversidade, assim como novos patamares evolutivos. Sendo o *self* uma dimensão de embates, nem sempre os resultados são bem-sucedidos, podendo ocorrer mudanças inconvenientes ou deletérias. De qualquer modo, sob a ação do *ser interior* tendem a predominar sínteses organizadas, ainda que muitas vezes elas não aconteçam.

Se, no ser humano, as desarmonias se refletem na esfera do *self*, é o caso de se perguntar se, nas demais espécies, haveria algum sistema equivalente, com funções aproximadas ao *self* humano. Existindo um ser nos indivíduos de cada espécie que se auto-organiza, nada seria mais natural do que investigar em cada um deles um setor de ocorrências para abrigar a multiplicidade e haver-se com a dinâmica dos conflitos, das contradições e das dificuldades. Além disso, seria apropriado conter os processos de consecução da existência nos relacionamentos possíveis, sejam internos ou externos. Se houver em outras espécies um fator que, *mutatis mutandis,* corresponda às funções que atribuímos ao *self* na espécie humana, isso significa que, na ordem evolutiva, o ser humano apenas se distingue em graus dos demais seres vivos e compartilha com eles os fundamentos básicos e elementares do psiquismo. Para cada espécie particular, o ser e o ambiente oferecem maiores semelhanças do que têm para espécies diferentes, mas não quer dizer que esteja excluída a existência de uma base evolutiva universal e em comum, que corresponda ao conjunto das espécies. Essa é uma hipótese interessante a ser verificada.

É óbvio que cada espécie apresenta graus e formas de organização diferentes daqueles do ser humano. Contudo, não se pode simplesmente descartar as correspondências de configurações básicas interespécies, sobretudo em relação aos organismos considerados evolutivamente mais complexos. É possível que, nestes, o repertório de respostas nas relações com o *self* seja mais assemelhado às respostas humanas, em termos da maquinaria do *self* e dos mecanismos criativos que implicam variabilidade comportamental. Com certeza, essas hipóteses não se referem somente a padrões relativamente constantes, encontrados em geral nas espécies. Dependendo das situações, na variabilidade estão compreendidos desafios, esforços, embates, enfrentamentos, urgências, seduções, disfarces e infinitas outras ocorrências. As relações com o que está envolvido no *self* podem ser, também, de tipo oclusivo, inconsciente ou consciente.

Na natureza viva em geral, predomina a complementaridade entre a estabilidade e a variação, entre a constância e a transformação. Deve-se considerar as condições vigentes no *self* para a determinação dos níveis de variação e de transformação, assim como a natureza do ser para a estabilidade e a constância. Não significa que esse ser seja imutável, porque ao longo do tempo sofre mudanças, sem perder, contudo, as características que lhe imprimem continuidade de existência. Se, por um lado, a vida em si mesma comporta a flexibilidade da organização em múltiplas direções possíveis, por outro lado, não se nega a si mesma em sua subsistência identitária, que muda sem violentar a natureza íntima do ser.

Para isso, a natureza concentra no *self* a dinâmica das transformações. Ou seja, o fator que corresponde ao *self* do ser humano é aquilo que possibilita a diversidade, porque é fundamentalmente um continente aberto a diferenças. A evolução soube criar essa disposição para dar conta da própria natureza das contradições implicadas nos processos do viver e, assim, abrir caminhos a novas experiências e a diferentes modalidades de escolhas evolutivas. Apesar das transformações, tende a permanecer constante o sistema central de organização, que desempenha a função harmonizadora geral. Mesmo sob os efeitos de mutações e de grande diversificação ambiental, o núcleo central busca ao máximo manter-se fecundo em prol da vida, ainda que, por vezes, a realização dessa tarefa fique impossível. Não havendo, pela ação do ser, sínteses harmonizadoras no *self* (ou naquilo que o representa), a situação poderá se tornar dramática e caminhar para a destruição do organismo. Normalmente, porém, tudo é feito para a sobrevivência, a adaptação e a expansão, sob a lei fundamental de continuidade do ser e da vida.

Em sua complexidade, a natureza teve necessidade de inventar uma dimensão em que se concentram os dinamismos das relações e das transformações (sendo estas absorvidas ou não). Com isso, obteve a maior preservação possível da raiz prototípica ou elemento basilar instalado pelo princípio de individuação e consubstanciado no próprio ser de cada organismo. Desse modo, os indivíduos e as espécies são portadores de uma ordem maravilhosa em seus universos de relações internas e externas. Não somente se organizam como lançam mão de recursos criativos e de elaborações harmoniosas, que representam seus enraizamentos no querer-viver universal. Não nos surpreende, pois, encontrar que todas as espécies convergem suas disposições e energias para a realização da autonomia, do bem-estar e da fruição a mais completa possível da vida. Esta é, em si mesma, criadora dos seres e serve de nutriente para eles. Para a sua afirmação, são postos em movimento fatores extremamente sofisticados e engenhosos, cujo desvendamento vai além de nossas atuais capacidades de entendimento de conjunto. Nota-se, porém, que a criatividade constitui uma das principais forças motrizes da ordem evolutiva.

28. As culminâncias da boa forma

É inegável que a natureza, por propriedades, leis e princípios que lhe são inerentes, tende a se organizar. A organização faz parte dos processos naturais, podendo ou não ser alcançada, na dependência das possibilidades dadas pelas condições existentes. Essa é uma formulação gestáltica de grande relevância. Daqui se pode encontrar o percurso que determinados fenômenos fazem em direção do alcance das máximas expressões organizadas possíveis. Geralmente, essas expressões correspondem ao atingimento da otimização de sua organização, que coincide com as culminâncias de sua boa forma. Sendo admitido o processo de organização como um fato, não haveria razões para não se admitir a tendência à melhor organização possível e, nesta, a tendência às culminâncias da boa forma. Se não se pode negar o processo de organização em si, não se pode negar as culminâncias em que a natureza se realiza em cada caso. Trata-se de um só e mesmo processo, que ocorre no plano geral, tanto quanto no plano individual, quando a organização se estabelece de modo coerente consigo própria. Nesse caso, os estágios da organização podem percorrer uma via ascendente, que vai da boa forma à melhor forma possível e, desta, à harmonia. Um processo em que é possível haver o alcance das culminâncias da harmonia, que incluem o fenômeno imaterial, tal como vem sendo descrito.

Como é possível que haja o fenômeno da organização e que ele faça o percurso rumo às culminâncias? Nos seres vivos, podemos situar com mais propriedade a natureza daquilo que responde a essa questão. A própria vida, que se faz ser vivente, é um fenômeno intrinsecamente organizador e auto-organizador. O que importa, pois, é a vida como tal. Ela se adequa às condições vigentes, sob o princípio de individuação, sem deixar de ser primordialmente o que ela é, de maneira que o ser vivo eclode como sua expressão original. Trata-se, porém, de uma expressão em movimento, que busca sua realização como ser individual em completude. Para isso, tenta obter a máxima harmonização possível com respeito a tudo o que o nega e o contradiz.

O querer-viver universal, revelando-se sob a forma de fenômeno vivo, faz este não somente existir como ter continuidade de existência e, assim, se manter infinitamente. A profusão de suas manifestações contém o denominador comum da vida, cuja essência nos escapa; mas se apresenta irrevogavelmente como ser e, portanto, como entidade submetida ao processo de organização. O ser, nesse caso, é aquilo que resulta da organização, tendente a alcançar a completude possível.

É natural que, dentro de suas possibilidades, cada ser vivo se dirija à realização de sua completude e, quando o consegue, esplenda em harmonia. Por uma lei da natureza, a completude de cada ser é em si mesma harmoniosa e estética. Isso se nota especialmente no ser humano, em que a harmonia está correlacionada à predominância do princípio de vida, consubstanciado no *ser interior*. Já sabemos que a completude é uma expressão plena do ser, ao se pôr em acordo consigo próprio e com o mundo. Nas culminâncias, há o encontro dos significados dessa expressão, quando o ser humano opera a realização do ser em suas formas mais elevadas, genuínas e verdadeiras.

Como há o ser, torna-se compreensível a inevitabilidade da tendência ao alcance da melhor forma possível, porque esta é uma expressão natural do ser. Enquanto a desarmonia é experimentada como desordenada, disruptiva ou catastrófica, a harmonia corresponde às culminâncias da realização possível oferecida pela natureza em seus processos evolutivos. Nesse contexto, damo-nos conta de que as formas vivas necessitam evoluir em face de desafios, dificuldades e transtornos, mas também das aspirações e conquistas relacionadas à completude.

Então, não se trata apenas de diminuição ou eliminação do sofrimento, e sim da realização mais completa possível do arsenal de existência. Para tanto, o ser vivo coloca em movimento suas disposições para solucionar as contradições, os obstáculos, os conflitos e as turbulências, de modo a obter, em graus, níveis razoáveis ou ótimos de estabilidade e equilíbrio. Em determinado patamar, os processos que se organizam encontram momentos de trégua e de cessação das atividades antagônicas em benefício da harmonização. Pela suspensão dos opostos, mesmo que seja relativa, acalmam-se as atuações obstrutivas e neutralizadoras, pondo-se em primeiro plano o princípio de harmonia. Para que se dê o alcance das culminâncias, os seres vivos necessitam se manifestar em sua integridade de existência. Daqui se pode restabelecer o equilíbrio assim como chegar a novos equilíbrios.

Dessa maneira, não há dificuldade de se conceber a harmonia como uma constante natural. Se é natural o alcance da completude de realização do ser vivo pela consecução daquilo que ele é, não deixa de ser natural a sua trajetória rumo às culminâncias na qual se apresenta tal harmonia. Quando as condições o permitirem, esta se mostrará não só como padrão cultural de beleza, mas como qualidade distintiva que se realiza no plano universal da natureza, podendo ser chamada de harmonia natural. Por isso, temos insistido em que, indo a fundo no contato com a natureza, poderemos nos surpreender com a descoberta de seus mais requintados sentidos estéticos.

Concluindo, não é difícil verificar que, na natureza, a lei da boa forma, explicitada por Koffka (1975), corresponde a graus de cessação das desarmonias, de modo a possibilitar a otimização dos processos rumo às culminâncias da melhor forma possível e, desta, à harmonia e ao fenômeno imaterial. Este fenômeno pode também ser apreendido em graus, sendo que nos graus mais elevados constitui uma realização harmoniosa da natureza, da vida e do Universo, que resplandecem em ordem, refinamento e propriedade etérea. O inverso da tendência ao inanimado é a tendência à manifestação da imaterialidade do mundo, expressa nas culminâncias das realizações da organização, da boa forma, da melhor forma possível e da harmonia.

29. A ordem imaterial

É no espetáculo maravilhoso da natureza que se nota com mais precisão a ordem imaterial. Podemos observar em um conjunto de fatos como a natureza se organiza a ponto de dar visibilidade aos fenômenos imateriais que a compõem. Distinguimos seu refinamento, sua sutileza, sua abrangência, sua harmonia, sua sublimidade e, enfim, as culminâncias a que ela chega nas diferentes formas pelas quais a realidade imaterial se apresenta. Chamamos de imaterialidade justamente o conjunto de propriedades em que a natureza se faz notar desse modo, permitindo as descrições dos fenômenos. Alguns exemplos podem ajudar a contextualizar o assunto.[1]

A experiência com a natureza em dimensão móvel, transformante e impermanente é assemelhada à experiência com os sonhos noturnos. Nos conteúdos manifestos destes, os padrões da vida acordada são geralmente desfeitos e vem à tona um universo estranho, quase sempre incompreensível, que escapa a regras, fórmulas, determinações e conceituações habituais. O caráter onírico da realidade foi

1 Uma descrição elucidativa encontra-se em: Trinca, 2019.

apontado, figurado, descrito e representado por inúmeros pensadores, poetas e artistas em todos os tempos, dando uma imagem do mundo completamente diferente daquela que fazemos sem penetração profunda. A natureza pode ser vista, abarcada e compreendida de modo semelhante aos sonhos quando temos dela imagens associadas à volatilidade, à metamorfose, à imprevisibilidade e aos traços enigmáticos. Há um deslizamento para a fluidez, sendo justamente isso o que caracteriza sua imaterialidade.

Outro aspecto que ressalta é a exuberante presença de vida na natureza. A vida, um fenômeno extremamente versátil e fluido, faz-se presente nos movimentos naturais da mobilidade espantosa da natureza. Na verdade, trata-se da grande sutileza de sua manifestação, que percebemos diretamente no fenômeno vivo sob deslizante perpassar. Sabemos que algo está vivo e bem vivo ao captar sua expressão móvel e fugidia, seu sopro indefinível, que pertencem a essa coisa imensa, inabarcável e incomparável, a própria vida que se espalha por toda parte, sendo o alfa e o ômega da escala existencial. Observamos a presença de vida, por exemplo, na soltura e no balanceio de um simples galho repleto de folhas ao vento, como já foi dito. Em sua pureza existencial, cada ser vivo é excepcional em si mesmo, pelo milagre da vida que nele se renova. Quanto a nós, seres humanos, não temos de que nos queixar, se a vida, algo inefável, nos é dada como fonte do que há de mais extraordinário ao nosso alcance.

De outra perspectiva, a natureza apresenta-se em abrangência. Sob inúmeros aspectos, ela comunica a sua amplidão: os grandes panoramas, a vastidão do oceano imenso, as montanhas em toda a sua extensão, o ilimitado azul do céu, a clara profundidade dos abismos, o silêncio dos espaços infinitos. Há um Universo que continuamente se expande. Para nós, amplificam-se os sentidos das coisas, quando elas se manifestam nos contextos mais abrangentes que lhes dão pertinência imaterial, ao transmitir a substância de que o mundo é feito, incluindo a beleza, a majestade e o esplendor, mas também a magia da amplidão universal. Um mundo englobador de significações infinitas. Desde essa profundidade, comunica-se com a mente humana, convidando-nos à penetração em seus horizontes inesgotáveis. A ampliação dos horizontes está vinculada à compreensão dos instantes inscritos no bojo de processos alargados, imensos, assombrosos e inescrutáveis. O mundo parece solicitar sua descoberta desde esse vértice da abrangência, que clarifica para nós um lugar de vida e indica o sentido universal das coisas, pelo que nos humanizamos. O espaço e o tempo que se dilatam abrem-nos aos significados profundos do Universo, mostrando seu fundo imaterial. Penetra-nos o fluxo de uma aragem tão livre e espontânea quanto uma imagem mental fugitiva. São ecos de uma dança cósmica, que paradoxalmente se revelam em silêncio. Uma dimensão alargada de consciência recebe a amplidão dos espaços infinitos, resgatando as raízes de nossa relação com o mundo. A natureza oferece-se para nos deslumbrar, bem como para nos elevar e nos aperfeiçoar.

De modo semelhante, isso acontece na magia da manifestação da luz. A beleza é soberana no mundo banhado pela luz. Esta é verdadeiramente um fenômeno dentre os fenômenos, algo que pode chegar às raias do inaudito, como o são os grandes mistérios. Na luz há algo primordial, miraculoso e espantoso que, ao despertar, enche o mundo de glória. A luz está no mundo e na mente, quando esta mergulha suas raízes no ser — outro mistério entre os mistérios. Porque, afinal, tudo pode ser considerado mistério. A força poderosa da luz habita o ser e, se este esplende em vida, ilumina a interioridade e vivifica as relações. Dessa maneira, o mundo pode ser vivenciado em imagens de luz. A evolução do espírito caminha rumo à imaterialidade da luz. Esta se coloca no centro do mundo, tanto quanto no centro do ser humano que com ela se comunica. O espaço-claridade no centro da mente reflete o foco de luz amena e silenciosa, que se liga à bondade e ao amor. A mente serena e iluminada plana em voos fluídicos pelo universo da suavidade e da graça.

Se a luz banha os seres, estes podem adquirir algo de sua virtude. Porém, de inúmeras maneiras os seres humanos alçam-se a uma existência que os aprimora e, para isso, encontram na natureza as condições facilitadoras. Um arbusto farfalhante, um pássaro deslizante no ar ou uma flor faiscante ao sol podem causar a impressão do caráter etéreo por suas gráceis expressões transfiguradas. A natureza muitas vezes se apresenta em transfiguração, que atinge as culminâncias das cintilações imateriais. Há graus de sutileza em seus movimentos evanescentes e fluidos, que um observador atento reconhece em silêncio interior. Não raro, a leveza, a versatilidade e a gratuidade da natureza são comparadas à pureza e à cintilância das pedras preciosas, mas também estão associadas à fragrância de um perfume que enleva o expectador, conduzindo-o à dimensão imaterial. Um estado de inocência e pureza, no qual é possível perceber que a graça se liberta da gravidade, nas palavras de Simone Weil (1996). Daqui não se torna difícil, por vezes, divisar a ternura, transparente nas fulgurâncias da natureza.

A harmonia encontra seu esplendor na transfiguração, mas sua plenitude se realiza na emergência da totalidade. Vencidas, na mente, as interferências e as obstruções, a natureza pode se revelar em evanescência, mas, às vezes, vai além, iluminando cada aspecto, que se mostra como parte do todo. Um aspecto qualquer pode assumir inteiramente o foco de toda a existência e, mesmo que seja por alguns instantes, a vida do Universo concentra-se aqui e agora, de modo que o todo se reflete nessa parte, sem deixar de ser o todo. Assim, uma florzinha mimosa esplende iluminada e colorida como se fosse a única criatura existente no mundo. Reluzindo suas cores e seus brilhos, tudo o mais desaparece em face do fulgor de sua existência. Não só se destaca como se impõe naturalmente à consciência, que é abarcada de chofre por ela, sem procurá-la nem desejá-la, apenas participando dessa totalidade num silêncio repleto de vida. Tornando-se existência exclusiva no Universo, ela faz sentir algo a respeito do todo, pois nele ela resplandece glamourosa, etérea e magnificentemente. Para ela não existe o tempo, porque ela é ponto de convergência de tudo, em sua pureza extrema. Também, o que se magnifica são reflexos fugazes de uma beleza eterna, vistos por olhos inocentes.

É fascinante notar, mais uma vez, que o afastamento do peso da concretude tende a propiciar o surgimento das características imateriais daqueles fenômenos que realmente as contêm. Justamente das condições concretas e factuais pode emergir uma nova ordem de apreensão, indicando a que ponto a natureza se transforma em suas significações para nós. Como sabemos, as significações imateriais são sutis e evanescentes. Estando muito além da concretude, para desvendá-las é necessário que haja sintonia fina. O fato de estarem disponíveis para nós constitui uma verdadeira revolução em nossos modos de viver e de pensar.

Reitero que, caso estejamos receptivos aos elementos determinantes da concretude, um mundo flutuante poderá se manifestar, deixando transparecer suas qualidades fluidas, móveis e versáteis. Também poderá se mostrar em suas características flexíveis, elásticas e plásticas, permitindo apreendê-lo em dimensões que se colocam muito além das concepções kantianas e cartesianas, por mais respeitáveis que estas sejam. O Universo, assim, desvenda suas propriedades abertas, livres, puras e expansivas, que respondem criativamente a uma constante de sublimação da matéria. Daqui sobressaem energias sutis, delicadas, evanescentes e etéreas, algo que se imaterializa no seio da natureza. Ao se sublimar, a matéria transfigura-se, ao mesmo tempo que se harmoniza, seja nas partes entre si, seja em relação ao todo. Se a ordem imaterial se constitui a partir de ordem flutuante, ela corresponde, também, a uma flutuação relativa à harmonia. Quando participam dessa ordem, os fenômenos vivos da natureza tendem à harmonia, sendo essa uma tendência natural, caso estejam livres de obstáculos à sua plena expressividade. Como vimos, o princípio de organização estabelece que eles podem atingir as melhores realizações possíveis, sob determinadas condições, sendo que, nos níveis culminantes da organização, há equivalências em graus com a presença da imaterialidade.

30. A ordem da natureza e a transdisciplinaridade

Em textos anteriores (Trinca, 1991 e 1999), tive a oportunidade de apontar as confluências da natureza na realização de fenômenos complexos, que formam disposições dentro de um quadro em que ela se organiza. Não há dúvidas a respeito das forças de organização do Universo, cujas propriedades se estendem aos fenômenos inanimados, orgânicos e psíquicos. Vimos que essa organização compreende os elementos mais simples da natureza, mas também alcança a constituição de formações harmoniosas e totalizadoras. Conjunções totalizadoras existem por toda parte e, quando cada fenômeno particular delas não se dissocia, a ciência pode estabelecer conexões, vindo a se configurar em propostas globalizadoras. Nesse caso, o fenômeno não é isolado do conjunto do qual faz parte.

Aquilo que a natureza cria como disposições globais comumente difere do que ela cria de modo elementar. A ciência pode chegar a particularizar cada elemento e a decompor o todo em partes, mas também pode estudar e conhecer o todo na coesão das partes. Nem sempre este é claramente percebido, se a ciência se detém apenas nas particularidades dos elementos. Contudo, para uma visão global da natureza, da vida e do Universo, importam sobretudo as estruturas e dinâmicas compreensivas de conjunto, em que a ciência, seja qual for, estabelece a inserção do elemento em seu todo. Este é dado pelo horizonte até onde o olhar humano consegue discernir em cada situação e em dado momento histórico. Transdisciplinaridade não significa apenas considerar as relações entre diferentes disciplinas, mas também uma visão ampla e global do todo e das partes que se lhe relacionam, de que participam diferentes disciplinas, correspondendo-se mutuamente. Cada ciência encontra à sua maneira essa perspectiva global e a compõe em conexão com outras ciências, em diferentes níveis de abrangência. O ponto de partida é a indagação a respeito da configuração mais abrangente que existe num fato que se apresenta. De modo geral, as descrições globais conectam-se entre si em transdisciplinaridade, como estruturas unificadas de sentidos. Esse fato foi percebido há muito tempo na história da ciência, tanto que Hubert Reeves (1982, p. 81), astrofísico canadense, chamando-o de espírito de globalidade, disse: "para compreender, olhe o conjunto!".

Esse espírito sempre esteve na base das inquietações humanas, não sendo apanágio exclusivo da filosofia. Com o tempo, o esforço de visualização de totalidades cada vez mais significativas foi se alargando na pesquisa científica, mesmo que não se obtenha plenitude e, dependendo do caso, os confins permaneçam invisíveis. Por exemplo, no século XVI, as ideias de Aristóteles, assim como os mitos, já não bastavam para a compreensão do Universo. Uma teoria dos movimentos planetários foi proposta por Copérnico, indo do geocentrismo ao heliocentrismo. A partir daí, Giordano Bruno pôde sustentar não só a concepção de infinitude do Universo, como a infinitude de mundos possíveis. Galileu Galilei, apoiando-se na teoria de Copérnico, afirmou que tanto o Céu quanto a Terra são regidos pelas mesmas leis. Foi um passo para que Newton formulasse a lei da atração universal, reunindo em um todo as esferas celestes e terrestres. Muito tempo se passou, as ideias foram se alargando e se aprimorando, até que Einstein unificou as grandes leis da gravitação e do eletromagnetismo, unificando também as dimensões do espaço-tempo. Simultaneamente, abriram-se as vias da extensão das noções de evolução da matéria para a evolução global do Universo e sua expansão desde as origens. Encontrou-se, no século XX, a possibilidade de produzir, por radiação de micro-ondas cósmicas, a imagem de fundo do Universo nascente, com cerca de 400.000 anos de idade.[1]

Como vemos, a noção de todo, colocada como um horizonte à vista, ainda que bastante impreciso, constitui impulsos extraordinários para o alargamento da visão de mundo. Neles estão implicadas várias disciplinas em interconexão. A noção vai se ampliando à medida que avança o conhecimento e, muitas vezes, ela é uma simples intuição a respeito daquilo a que se pode chegar. Ou mesmo daquilo que anima a inspiração. É o caso, por exemplo, da noção de imaterialidade. Desde as cavernas pré-históricas de Chauvet e Lascaux, no Paleolítico Superior, passando pela Creta minoica, pelo Egito de Akhnaton, pela acrópole de Atenas, pelas dinastias chinesas Tang e Song e, enfim, pela cultura humana como um todo, acha-se espalhada a aspiração ao contato com a realidade imaterial do mundo, como um princípio global e invariante em sua essência. Ela está representada não somente nas artes plásticas, mas também na literatura, na música, na ciência, na filosofia etc. Centelhas de manifestações da experiência de imaterialidade encontram-se disseminadas por toda parte, em todas as épocas, sendo expressões do contato com uma realidade mais profunda, composta de aspectos harmoniosos e luminosos do mundo em que vivemos (Trinca, 2019). Assim se constrói em interdisciplinaridade uma visão "mais real" do mundo, que em nada se confunde com as propostas antinaturais.

---

1 Imagem produzida pelo satélite Cosmic Background Explorer (COBE) da NASA.

Poderíamos sondar essas construções ao infinito. Cada ciência contém uma gama de fatos mais abrangentes, que enfeixam concepções totalizadoras. Não seria o caso de se incluir aqui a própria teoria da evolução? Ela faz todo o sentido se compreendida como processos que se realizam sob princípios e leis universais, no âmbito das ciências que se enraízam nos enigmas e mistérios de que é feita a realidade. Uma vez libertas do viés metafísico tradicional, as ciências procuram dar suas próprias contribuições ao conhecimento global de inserção dos seres na natureza, na vida e no Universo.

Se levarmos em conta as concepções gestálticas, faremos a distinção clássica entre arranjos cegos de elementos e todos em si mesmos organizados. Estes primam por relações determinadas por coesão, regularidade, simplicidade, simetria e outras propriedades intrínsecas. A teoria da Gestalt deixa explícita a ideia de *Prägnanz*, que é a forma característica para a qual tende toda estrutura. Ou seja, há princípios de organização, e esta "será sempre tão boa quanto as condições o permitirem" (Koffka, 1975, p. 121). Assim, temos sistemas de organizações em todos os níveis que se endereçam à constituição ou se realizam na construção da ordem objetiva. Pode ocorrer que fenômenos moleculares se inscrevam em contextos globalizantes. Contudo, é importante acentuar que os princípios de organização determinam as formações, de tal maneira que sobressaem as linhas de estruturação, como continentes de disposições que possibilitam a instalação e a manutenção da ordem estrutural.

Desde meados do século XX, sob a ótica da transdisciplinaridade, não mais se concebem as disciplinas científicas como sistemas isolados, ao modo do positivismo, e sim como sistemas de conjunto: "um imenso conjunto de fatos e de teorias ligados uns aos outros de forma a fazer aparecer as grandes linhas de uma verdadeira estrutura da natureza, desde o Universo até os seres vivos", segundo as palavras de Pierre Auger (1973, p. 9). As ciências apresentam descrições múltiplas e convergentes de uma unidade estrutural que ultrapassa as determinações próprias de cada especialização a fim de situá-las nas vias da interconexão (Prigogine & Stengers, 1984). Obviamente, não se espera que, com isso, haja em cada ciência um abandono de seus propósitos originais, mas seu objeto, na transdisciplinaridade, é colocado quando possível em uníssono com a visão interdisciplinar do conjunto. Caso contrário, seria possível ter uma visão simplificada ou falsa da realidade, considerando-se somente as particularidades de cada disciplina, tomada fragmentariamente em seu estrito domínio.

Se, em vez da preponderância da desordem e do caos, a natureza consegue, muitas vezes, fazer predominar em seus processos a ordem e a organização, é porque se torna bem-sucedida na luta contra os "fenômenos inferiores que se lhe opõem", para empregar os termos de Schopenhauer (1941, p. 151). A diversidade da vida, por exemplo, permite-lhe a continuidade no plano filogenético, que se transforma, segundo Morin (2017), em autoeco-organização. Para ele, "há uma potencialidade criadora que dorme no interior do ser vivo e que desperta em face de um desafio, um desejo, uma aspiração" (Morin, 2017, p. 93). Assim, a vida pode caminhar em direção a níveis gradativamente mais elaborados. Por vezes, é impelida ao seu máximo equilíbrio interno e à sua máxima expressão. Em sentido gestáltico, a organização, ao acontecer, tende à boa forma. Temos visto que esta, por sua vez, será sempre a melhor forma possível. Significa que a natureza apresenta condições de perfazer a melhor realização possível dentro das condições que lhe são dadas. Sendo bem-sucedida, pode atingir as culminâncias da boa forma.

Essas culminâncias geralmente implicam a formação de todos bem-organizados. Para Koffka (1975, p. 116), "os processos organizam-se a si mesmos, sob condições dinâmicas e restritivas predominantes". Está claro que não se trata de teleologia, e sim de disposições naturais de autoaperfeiçoamento ao alcance dos pontos culminantes. A organização tem a propriedade de determinar a produção de entidades inteiriças, em vez de pedaços e fragmentos dispersos. A inteireza não corresponde simplesmente a partes que se somam, mas àquilo que emerge da própria organização, tendo por tendência o substrato da unidade. Nesse sentido, pode-se inferir a formulação gestáltica de que o todo não equivale à soma de suas partes. A inteireza é uma emergência da organização, sendo um fenômeno novo que eclode.[2] Desse modo, o ser do ser humano, por exemplo, pode ser concebido como uma emergência da complexidade da organização somatopsíquica, que, por sua vez, se insere na totalidade dos seres humanos, que estão inscritos na universalidade dos fenômenos da natureza. Em transdisciplinaridade, a complexa inteireza desse ser constitui um objeto de estudo privilegiado pela diversidade de disciplinas que, em conjunto, dele constroem uma imagem coerente, ampla e totalizadora.

Se há o aparecimento da novidade como uma emergência da criatividade sistêmica do Universo, é porque nas culminâncias da auto-organização, por conta de processos naturais, são priorizados e se destacam aqueles componentes que alcançam os melhores resultados de integração. No bojo das culminâncias, sob resultantes bem-sucedidas, revela-se o fenômeno mais bem integrado, seja nas relações internas ou externas. Os seres vivos são os exemplos mais característicos da obtenção dessa integração pelo fato de haver um centro organizador bem estabelecido, isto é, o ser de cada ser. Ao alcançar os resultados da integração, ela revela aquilo que ele é, ou seja, aquilo a que foi conduzido pela natureza em função da obtenção de melhor expressão possível dentro das condições disponíveis. Nessas circunstâncias, as constantes organizadoras predominam, e o fenômeno, por uma lei que lhe é inerente, tende a realizar-se na completude do que ele é. No ser vivo, a integração tende a evidenciar com mais propriedade as características da individualização de cada

2 Em conformidade com o conceito de emergência destacado e difundido por Morin (2017).

ser naquilo que ele é. Ainda que as transformações possam alterar as configurações do estágio em que ele se encontra, o fenômeno vivo, nas culminâncias, converge para a realização de si mesmo. Se a semente traz dentro de si a possibilidade do carvalho, irá empregar todos os meios disponíveis para a realização do que lhe é intrínseco. Em face de contradições, anomalias, disrupções, destruições, cataclismos e caos, a natureza perpetua seu trabalho de autoaperfeiçoamento.

De modo geral, para haver existência é necessário que haja superávit das forças de coesão sobre as forças de dissolução e, em níveis mais avançados, superação das oscilações dos opostos para a manutenção da estabilização. Do desequilíbrio ao equilíbrio, o fenômeno alcança a sua "cura". Nesse ponto, as forças de estabilização, não sendo estáticas, produzem nas culminâncias da boa forma as faces harmoniosas dos fenômenos naturais. Sendo-lhes dadas condições favoráveis, eles alcançam níveis satisfatórios de manifestações pela superação dos desequilíbrios internos e pela tendência à plena expressão. Em determinados patamares, as leis físicas, biológicas e psicológicas colocam em evidência as propriedades harmoniosas dos fenômenos. As forças propulsoras da organização tendem à harmonia no cerne das tentativas de ultrapassagem dos obstáculos e impedimentos à sua plena realização. Um princípio estabelece que a harmonia é intrínseca à construção da realidade. Esse princípio já estava presente na filosofia jônica do século V a. C., especialmente em Tales de Mileto e Anaximandro, que eram filósofos da natureza (Jaeger, 1986).

Como temos observado, a organização implica, por vezes, as culminâncias da boa forma, que podem resultar em harmonia, sendo esta resultante dos processos da natureza que introduzem diretamente os significados imateriais por ela alcançados nas manifestações de certos fenômenos. A visão que se obtém da natureza sob a perspectiva da imaterialidade não se limita à harmonia, mas se abre à existência de propriedades e significações sutis, rarefeitas e aprimoradas nos fenômenos naturais. As condições de emergência desses processos na natureza são coerentes com a realização, em graus, de suas trajetórias rumo às culminâncias, nas formas já expostas. Vejamos alguns exemplos.

Quando as condições são favoráveis, a natureza comunica em movimentos expressivos a leveza imaterial do fenômeno vivo, de que sobressai a exuberância de cada ser em sua vitalidade e presença de vida. Associada ou não a esse fenômeno, a beleza do mundo transparece na profusão de formas, cores, brilhos, diversidade, versatilidade e musicalidade. Não se trata da simples beleza, e sim da radiância que se manifesta, cujas cintilâncias imateriais põem em relevo um mundo flutuante, que a natureza se esmera em obter. Muito além de toda banalidade, a finura da natureza alcança processos rarefeitos, que a nossos olhos se tornam transfigurações. São momentos de esplendor ainda que se revelem nas coisas comuns de nosso derredor. Elas são banhadas numa luz de propriedade etérea, oferecendo muitas vezes espetáculos maravilhosos e sublimes.

A observação atenta do mundo acompanha o seu caráter onírico, ao encontrar suas transformações inusitadas e reveladoras de surpresas. A amplitude dos processos universais, assim como as significações oriundas da matéria instável e fugidia, fazem o mundo se aproximar da metáfora dos sonhos, em que vida e morte, vitória e derrota, perda e renovação vão de par com a incessante mutabilidade das coisas. Tudo isso constitui o infinito contexto da realidade em amplo espectro. Sob vastos panoramas universais e cósmicos, o mundo revela sua abrangência e magnitude. Os fatos estão inseridos em contextos amplificados e as próprias coisas comuns não se dissociam de sua proveniência fincada em raízes primordiais. As forças propulsoras da vida ecoam desde as vibrações longínquas de um fundo original de leis e princípios que lhes dão sustentação. Elas se inscrevem na feição primária do mundo e na primordialidade das origens, que, no entanto, se apresentam aqui e agora como constantes do princípio de individuação. Os fundamentos de constituição da realidade, em seu caráter original e primeiro, insinuam-se ao nosso olhar desde esse fundo abismal dos tempos, em que se situa a imaterialidade das origens.

O que se apresenta no tempo contém a atemporalidade, no fundo silencioso que se subtrai à mera sensorialidade de superfície. Ecos de atemporalidade ligam os seres humanos a suas vinculações ancestrais, aos assuntos imemoriais da espécie, em suas relações com a vida perene. Coisas antigas e eternas estão além da historicidade, além do tempo. Elas se repetem no devir, como eterno retorno, sendo a própria eternidade que, ultrapassando o tempo, nele se irradia.

Na totalidade, por sua vez, há uma imaterialidade arredia, que nem sempre se distingue da infinitude. Uma e outra expõem-se na penetração e na compreensão dos significados abrangentes da natureza, da vida e do Universo, que se manifestam desde as partes infinitamente grandes até as infinitamente pequenas. Um fenômeno delimitado e finito pode refletir o quanto está nele contido de totalidade e de infinitude. Nele se espelha o todo da realidade, convergente a um único ponto, fazendo sentir a magnificência de que participa: não somente da ordem universal, mas da infinitude universal. Um fundo monumental das coisas, que inclui o desconhecido, o enigma, a obscuridade e o assombro. Grandeza e mistério envolvem a existência de todas as coisas. Há desconhecido até nas coisas conhecidas. O fundo invisível da realidade faz-se visível numa sucessão que não se esgota, mostrando a potencialidade infinita de cada coisa transformante. A vida universal nutre-se e justifica-se nessas transformações, que dão sentidos e significados ao próprio ato da existência, como um todo.

Se cada ciência em particular concentra predominantemente a sua atenção e o seu vigor nos objetivos que lhe são específicos, a transdisciplinaridade coordena e engloba os múltiplos resultados das ciências, em vista do estudo e da compreensão dos percursos e manifestações da natureza, relacionados às realizações de suas melhores formas possíveis, inclusive dos aspectos imateriais. Sob essa ótica, o pesquisador coloca-se além da fragmentação científica, acolhendo e estudando os fenômenos em suas grandes linhas, a partir de sua abrangência ou totalidade possíveis. A transdisciplinaridade considera não só as culminâncias dos fenômenos, mas também suas trajetórias em direção a elas. Se a natureza consente em mostrar um percurso, que vai do caos às culminâncias da boa forma, o projeto científico transdisciplinar norteia-se pela compreensão global das partes no todo e dos processos pelos quais a natureza consegue se integrar. Nesse caso, as ciências operam em conjunto, sob todos os níveis de estruturação, para obter a descrição mais fidedigna possível, mesmo que seja sempre relativa.

Não significa que o estudo dos fenômenos parciais, fragmentários e desconexos tenham valor reduzido em ciência, mas, se não forem integrados, corre-se o risco de um uso fracionado e abusivo, deslocando-os do contexto de significações globais e imateriais, em que eles se inscrevem. A atenção absolutizada sobre esses fenômenos tem dificultado ou impedido o investimento transdisciplinar das ciências, pela ênfase excessiva na especialização técnica.

Uma possível retomada da transdisciplinaridade pode partir da leitura de que a profundidade de um fenômeno é acompanhada por seu caráter estético. Se a beleza é encontrada, esse é um parâmetro válido a indicar um caminho. O objeto estético está presente nas ciências para apontar não somente a organização, mas também o refinamento e a profundidade de cada coisa em seu harmonioso ou sublime despertar. A beleza não é um epifenômeno, mas é antes uma porta de entrada da imaterialidade. Einstein sempre soube disso, pois se guiava pela beleza das equações e pela confiança na teoria mais harmoniosa possível. As formas estéticas são aspectos pelos quais a natureza mostra seus processos rumo às boas formas, e a harmonia será maior quanto mais elevadas forem as formas de organização. Nas culminâncias, as propriedades estéticas tendem a se revelar com mais precisão.

Numa visão de conjunto, damo-nos conta de que o conceito de transdisciplinaridade permite uma abordagem abrangente, de modo a ser uma base em comum, não só para as ciências em geral, como também para a arte, a filosofia, a literatura etc., dado que se trata de um objeto ao alcance dessas disciplinas em suas relações centrais com a realidade. Sendo sua função precípua anunciar a profundidade do mundo, elas ecoam mensagens cristalinas de um fundo abismal, fazendo alargar a compreensão para além dos dados puramente sensoriais. Pode-se distinguir claramente uma proposta não comprometida com as injunções sensoriais, se ela demonstrar de maneira inequívoca a globalidade estrutural dos fenômenos com os quais estiver em relacionamento.

Não significa que uma proposta desse gênero ignore a existência do conflito, da desarmonia, da destrutividade e do caos. As forças contrárias à ordem estrutural estão sempre presentes, de modo que a díade dos opostos produz um mundo de dinâmicas complementares. Diante de sua existência, o mundo necessita de imperfeições, falhas e faltas, que propulsionam sua construtividade e sua criatividade. Não há indiferença cega da natureza a respeito da vida, se o Universo constrói uma obra magnífica que, em suas culminâncias, se revela propulsora dos ápices da criação. Mesmo sob os efeitos gerais da destruição e da morte, a natureza consegue manifestar-se no vigor das faces organizadas, harmoniosas e imateriais, que são resultantes alcançadas em seus infatigáveis processos e em seu labor permanente de criação e manutenção das formas mais elaboradas possíveis. Uma arquitetura global é produzida, indo das formas mais elementares às formas mais evoluídas, apoiando-se reciprocamente. Para isso, entram em jogo não só a ação dos princípios e leis, senão também o papel relevante do acaso.

Do caos à ordem, a evolução da natureza, em seu conjunto, processa-se no bojo de antagonismos, resistências, dissoluções, inércias e aniquilamentos. A harmonia, quando existe, decorre de sua própria evolução até alcançar suas realizações. Contudo, de modo algum é ilusório afirmar a função de superação (se as condições forem favoráveis) de conflitos, contradições e dificuldades que a natureza encontra no desenvolvimento de seus processos. Sabemos haver circunstâncias em que, claramente, os embates e as conflagrações cedem lugar à harmonia. Em determinados patamares, cessa a luta dos opostos, sucedendo a estabilidade, o equilíbrio, a ordem e, em níveis superiores de organização, a imaterialidade. Forma-se um campo dinâmico que opera no sentido de ultrapassagem das condições puramente beligerantes, sobrevindo sínteses integrativas. A seguir, estas poderão não se manter, porque continua a transformação. Porém, a existência de um Universo sob a predominância da construtividade não se desfaz, até onde o olhar humano consegue vislumbrar.

Do que foi dito segue-se uma observação inescusável. O aspecto central da ordem da natureza reside justamente nas possibilidades de ultrapassagem, em graus, das oscilações dos opostos e das dissonâncias conflitivas e desintegrativas, em favor do atingimento das melhores formas possíveis. Contudo, esse centro não consiste num resultado acabado, e sim num processo. Trata-se do eterno processo do devir tornando-se realidade, que por vezes se mostra como esplendor. Isso remove do Universo a pecha de "selvagem imprevisibilidade", apontada por Huxley (1965, p. 159), e faz crescer o nosso fascínio.

A transdisciplinaridade, em suas grandes linhas, recoloca em primeiro plano a ordem da natureza, que uma visão parcial consegue desfigurar, seja em ciência, arte, filosofia, religião ou outra forma de conhecimento. O desencantamento do mundo, assumido conscientemente, tem suas origens remotas numa "visão do todo" inseparável da concretude e indistinta da sensorialidade que lhe servem de medidas, excluindo-se as significações das culminâncias das boas formas e os alcances da imaterialidade. Não causa surpresa que, assim, o mundo resulte em aparências frias e trajetórias calculáveis. Mais do que isso, torna-se objeto inerme, destinado à exploração e a ganância envolvendo as disciplinas que se prestam a decompô-lo e a reduzi-lo, quando não a destruí-lo. O que possibilitaria descobertas e realizações profundas para a vida humana passa à ordem da vulgaridade, do aproveitamento e da depredação. Poder-se-ia tomar o que é morto para servir de referência ao que é vivo?

A transdisciplinaridade, no sentido aqui empregado, não admite disfarçar o grande mistério da vida, nem ocultá-lo sob a capa da fria objetividade positivista. Ao descobrir o esforço infinito da natureza para criar a beleza, a imaterialidade e o encanto da existência, a transdisciplinaridade não compactua com qualquer propósito de encobrir, menosprezar ou destruir a sinfonia universal. Ela se propõe a ser um hino à vida, acolhendo o êxtase das coisas.

Parte VII
A mente e o mundo

31. A arte interior

Haveria lugar em nós para o acolhimento de um Universo que infatigavelmente se cria em qualidades imateriais? Onde há pobreza de recursos materiais e mentais, predomina a lei da sobrevivência do mais forte, que justifica toda espécie de atrocidades. A humanização faz seu percurso a duras penas, sendo necessário relembrar sempre que há um horizonte ampliado para a vida e o viver. O acolhimento depende de um espaço interno propício a receber as experiências. Existe a possibilidade de estarmos em acordo conosco mesmos e nos realizarmos como seres ou, ao contrário, de nos tornarmos produtos do afastamento de nossas bases, sejam elas psíquicas ou pertencentes ao Universo que nos forma, sustenta, anima e oferece condições para a alegria. A mente que se abre em profundidade passa a experimentar a vida interior e a vida exterior, mas isso envolve o empenho da atenção e do cuidado, praticamente por toda a duração de nossa existência. Temos a nosso favor o fato de que, nos fundamentos da construção da realidade, a maravilha das maravilhas está dada de antemão pelo princípio de vida, que estabelece um ser em cada um de nós, do qual, no entanto, temos que nos apropriar por discernimento, descoberta, diligência e persistência. Para o conhecimento, o fundo das coisas não se dissocia do fundo humano. O alcance da realidade imaterial está em conexão com uma arte interior que se distingue nas próprias manifestações do *ser interior*.

Nunca é demais insistir nos altos graus de mobilidade psíquica em que transparece a abertura do ser à sintonia, à apreensão e à hospedagem das imagens profundas do mundo. Quanto mais elevado for o nível de contato com esse ser, melhor se configura e esplende a arte interior em relação com a profundidade do mundo, que se constitui em alimento espiritual para nós. Diferentes modalidades de imaterialidade revelam-se em diferentes níveis de arte interior, segundo diferentes graus de mobilidade psíquica. Em vez de se limitar a faixas reduzidas, o aumento da sensibilidade ao contato amplia e aprofunda o universo das significações. Ultrapassando as disposições sensoriais da mente, erguem-se as experiências não sensoriais, que alcançam níveis elevados de sintonia. Assim, o "olho interior" reconhece e vivencia os significados imateriais existentes no mundo. Temos, então, na abertura do ser, o encontro de um mundo que, como vimos, transcende a sua simples concretude.

Isso significa ter no peito, ter no coração as imagens coloridas, o sentimento de vida interior, as vivências alargadas, radiosas e transfiguradas, o silêncio para captação, as experiências de encontros bem-aventurados que se situam além do tempo, assim como as percepções e compreensões estéticas da infinitude, da totalidade e do fundo misterioso em que se sustenta a realidade, entre inúmeros outros aspectos. A arte interior abre-se a novas disposições e seus fundamentos estão na capacidade humana para a admiração, mas também para a verdade, a bondade e o amor. A evolução humana proporciona condições para isso, de sorte que a interioridade se franqueia a apreender e a revelar os sonhos que o próprio mundo sonha.

Sabemos que, em repouso, a nossa interioridade poética e mais profunda agasalha uma transparência e uma claridade que, animando os relacionamentos, se transformam em limpidez, amplidão e silêncio. Essa parece ser, justamente, a porta de entrada para a arte interior, na qual podemos perceber o mundo em suas feições imateriais, seja na intensidade de vida, seja na fluidez e na irradiação que as coisas possuem. Somos levados a um brotar de renovação, em que o mundo se vivifica para o olhar ingênuo e puro. Nós nos ligamos a ele porque é doce a sua intimidade e a sua significação.

A arte interior é geralmente sentida como uma presença interna, referida ao próprio ser em expansão de consciência. Às vezes, porém, ela ocorre em estado inconsciente como nos sonhos coloridos de nossas mais belas noites de sono. Eles costumam ser lembrados em associação com uma interioridade repleta de vida, de vitalidade e de criatividade. Nos bons momentos criativos, há um *détachement*, no qual a mente se desembaraça dos ingredientes poluentes e, tornando-se límpida, facilita as ocorrências da beleza e da harmonia. Desde aqui, são sintetizadas as apreensões e compreensões, sejam nos sonhos ou na vida desperta, em que se apresentam as significações imateriais. Sendo estas muito delicadas, requerem repouso e silêncio, que são apanágios da arte interior.

A experiência de ser torna-se leveza do ser, ao se aprofundar a expansão de consciência. Do contato com o ser em inteireza, passa-se ao estado experiencial em que o ser se revela na sua abertura. Os chineses da época clássica davam o nome de vazio a esse espaço de acolhimento, que hoje compreendemos como um espaço aberto à experiência de imaterialidade, quando ele se faz vazio de sensorialidade. Em termos bionianos (Bion, 1966), a pessoa desvencilha-se de memórias, desejos e necessidades de compreensões, a fim de se disponibilizar a receber a experiência nova. Essa mesma atitude mental foi magnificamente descrita por Chuang Tse (1959), no século III a. C., a propósito de um marceneiro chamado K'ing, que fazia de simples suportes para sinos verdadeiras obras de arte. Para realizar uma obra excepcional, K'ing tinha por princípio esquecer-se de seus desejos, memórias e até de si mesmo, absorvendo-se completamente em sua arte.

A interioridade modifica-se para, em espontaneidade, receber um Universo que mostra sua harmonia. Na leveza da brisa interior, flutuamos em contato vivo com as coisas e, se estas são em si mesmas harmoniosas, sorriem para nós, não passando desapercebidas. Na arte interior, a condição primeira é preenchida pela presença não sensorial do ser, que se mostra leve como a pluma, amplo como o espaço celeste ou iluminado como a aurora e o anoitecer.

Um espaço interno de abrangência pode ou não se oferecer em brilho e cor, assim como determinar ou não experiências atemporais, mas o fato de ampliar a visão das coisas tem profundas implicações humanas, haja vista a aragem harmoniosa que nutre a consciência expansiva e universalizante. Parece que esse espaço é limítrofe à região dos sonhos, com a diferença de que pode ser experimentado conscientemente e incluir relações primordiais. Aqui se situa a memória espiritual da humanidade em que um acontecimento se ressignifica, ao pertencer a contextos fora do tempo.

Nos níveis mais avançados da experiência de imaterialidade, a arte interior é alcançada pelo silêncio total da mente. Trata-se de uma situação de unificação entre o *ser interior* e o *self* na qual a mente se mostra em abertura plena. Krishnamurti (1965) descreveu essa abertura, que vai ao encontro do mundo em estado de silêncio. O silêncio interior, que é também solitude, recebe o silêncio exterior, e ambos participam de todas as coisas com que se está em relacionamento, sentindo-se nelas um movimento eterno. O movimento está contido nele mesmo, sendo sem direção, sem causa e, portanto, infinito. Ao unificar-se com o todo, não mais pertence ao tempo. Desse modo, o espaço interno une-se ao externo em uma totalidade, sem haver separação entre o observador e o observado, entre o experimentador e a experiência.

É vital, para o ser humano, poder explorar e conhecer o mundo mediante as capacidades intuitivas, perceptivas e compreensivas que se manifestam por imagens, sentimentos e cognições, mas também por outras formas de experiências igualmente profundas, primordiais e inefáveis, de que participa o ser por inteiro, com a alma e o coração. Sendo apreensões vivenciais diretas, não são dirigidas pelo predomínio de racionalizações, e sim pela arte interior, que constitui um espaço de hospedagem das coisas em êxtase consigo mesmas.

32. A realidade como tal

Existe a realidade? O relativismo pós-moderno ensinou que os princípios nos quais o mundo se sustenta podem ser abalados e o fato de haver realidade pode ser posto em dúvida, porque ela só existiria em função da mente que a concebe e a produz. O ser humano é colocado no centro do mundo, sendo inaceitável pensar a existência deste independentemente da arbitragem humana. Nada há por trás da superfície, a não ser uma massa informe à espera da formulação humana para poder existir. Se esta não ocorre, nada há a ser concebido. Tudo o que é concebido pertence ao universo contingente das possibilidades, não havendo verdade nem mentira. Nem, tampouco, realidade que esteja além da construção mental.

Embora a pós-modernidade tenha facilmente adotado essa ideia, houve um longo percurso até ela, desde os sofistas gregos, dentre os quais Protágoras (1964, p. 204), que disse: "O homem é a medida de todas as coisas: daquelas que existem e de sua natureza, e daquelas que não existem e da explicação de sua não existência". Não é meu propósito escrever a história desse percurso, mas apontar que, antes do idealismo subjetivo, Charles de Bouelles (Bovillus), no século XVI, afirmou que o ser humano é o centro de todo o Universo, sendo que este, para existir, deve ser pensado por aquele (*apud* Papaioannou, 1983). Na modernidade, foi Kant quem postulou o conhecimento do mundo dado *a priori* pelas condições existentes no sujeito humano: as categorias de espaço e de tempo, as formas do entendimento (como a causalidade), as formas da sensibilidade etc. Na esteira de Kant, Fichte deu um passo decisivo para a defesa da tese de que "tudo o que existe, só existe na medida do eu; fora deste, não há nada" (Papaioannou, 1983, p. 108). Muitos outros pensadores seguiram a direção indicada por Fichte, mas o destaque das ideias de construção humana da realidade está na ação instrumental sobre a matéria inerte do mundo, preconizada por Hegel, e na fabricação social da realidade, postulada por Marx. De qualquer maneira, tudo passa pela subordinação das leis do Universo às concepções e às ações humanas, que negam suficiência à realidade para ter existência por si mesma.

Se o ser humano detém a condição suprema de criar *ex-nihilo* a realidade, pode-se chamar de niilismo à corrente de pensamento que passa por Protágoras, Bovillus, Fichte e os pós-modernos, como Sartre e os atuais sofistas da retórica das narrativas. Para estes, coerentemente com os antigos mestres da retórica sofística, a onipotência da mente estabelece a seu bel-prazer a natureza da realidade por meio de narrativas. Tudo não passa de um jogo, que consiste em interpretar e reinterpretar, fazer e refazer o mundo sob a ótica das narrativas. Não havendo realidade nem verdade em que se fundamentar, vigoram as construções de um *self* sensorial em discrepância com as raízes da existência. O avolumamento desse *self* faz multiplicarem-se os conteúdos e as formas das narrativas que, na maioria das vezes, fomentam os interesses do marketing, do consumismo, do neoliberalismo, do totalitarismo e da estratégia antidemocrática, estando na base de uma civilização centralizada na coisificação, na massificação e no automatismo.

Se essa tendência sempre existiu, hoje se torna cada vez mais preocupante, porque se prima pela manipulação vertiginosa dos meios de comunicação de massas e das plataformas digitais (em especial, por meio da manivela dos algoritmos), sob crescente deterioração do senso crítico e das bases consensuais em que repousa a realidade. Esta, nutriente das significações do mundo, perde seus contornos, sendo substituída pela falácia das narrativas e das imagens despojadas de organicidade e de verdade, que Jean Baudrillard (1983) denunciou como hiper-realidade. Ou seja, já não existe realidade, há apenas ilusão.

A multiplicação de aparências, narrativas e imagens enganosas resulta em um *mundo humano* sensorializado, cuja extravagância gera tessituras nas quais tudo é possível, uma vez que prescinde do ser do ser humano. Na ausência de princípios norteadores, não somente se torna possível negar a existência da realidade, como distorcê-la em favor de um pessimismo gritante. Para cada um de nós, da insuficiência de contato do indivíduo consigo próprio origina-se a falta de sentido na vida, esvaindo-se o universo imaterial e, com ele, as fontes das significações e dos mistérios. Igualmente, a redução ao concreto, ao banal e ao imediato elimina *ipso facto* a realidade imensa, aprofundável e assombrosa, cuja assimilação depende de desenvolvimentos e integrações. Daqui, a fácil sedução às aparências, em que, num jogo de entretenimentos e de autopreenchimentos, a mente transforma em real o que é apenas manipulação e ficção. O *self* ocupado desse modo constitui o efeito mais evidente de um *self* esvaziado no qual a instabilidade e a angústia impelem a qualquer tipo de preenchimento para não sucumbir ao terror de passagem à inexistência (Trinca, 2011).

O antídoto a toda espécie de veleidade, insanidade ou turbulência mental consiste numa boa dose de realidade. Ou seja, consiste em restabelecer na mente a soberania da realidade como um fato, discriminando a todo custo aquilo que não a constitui. Implica reconhecer que a realidade sempre existiu independentemente do espírito humano e que este apenas não a constrói, dada a evidência de que o Universo como um todo não se caracteriza como obra humana. Resta não confundir a potência humana com a edificação do mundo, quando se trata de discriminar a realidade. Uma vez retirada a supremacia da subjetividade, o mundo real é o dado sobre o qual devemos nos postar, que continua a existir pelo que ele é. Depurados os enganos, as falsidades e as mentiras, podemos nos nortear pelos parâmetros relativamente seguros da existência dos fatos, ainda que a realidade última e a verdade absoluta nos escapem totalmente.

Os critérios que norteiam um consenso quanto à independência da realidade em relação à mente esbarram na objeção de que cada ser percebe e recorta a realidade à sua maneira, com os meios ao seu alcance, sendo essa uma condição válida para os seres vivos em geral. Contudo, para uma análise, há que se distinguir a natureza do Real em relação aos meios disponíveis para o seu conhecimento, considerando-se os limites das capacidades de sintonia e apreensão (diante de um Universo em si mesmo inabarcável como um todo). Fazendo-se essa distinção, temos que a realidade se estabelece pelo que ela é, enquanto o que varia é o conhecimento que se pode ter a seu respeito. Então, os níveis de penetração alcançados não devem ser confundidos com o próprio fato de sua existência. Como a realidade se desvela por partes, a abordagem e o conhecimento objetivos somente são possíveis na medida da sua descoberta e do seu aprofundamento, tal como se verifica no puro acontecer. A objetividade atinge níveis mais elevados de confiabilidade quanto maiores forem os níveis de penetração e de concordância nas verificações fenomênicas possíveis.

É interessante lembrar que o pensador brasileiro Carlos de Campos (1893-1955) afirmou em seu livro *O mundo como realidade* que a experiência é a base que nos norteia a respeito da realidade.

Sem a experiência não há pensamento realisticamente válido. Para esse autor (Campos, 1961, p. 278), "o sentido real, produzido pela experiência do Real, é aquilo que de mais fundamental, persistente e forte existe no nosso ser psíquico. É uma aptidão arcaica, formada pela experiência do ser em face de si mesmo e da realidade externa". Nossa aptidão para a experiência do Real é resultante de aperfeiçoamentos progressivos através dos caminhos da evolução da espécie, determinando graus de consciência para o conhecimento realístico. Quando há ilusões, erros e falsidades, isso não se deve à realidade propriamente dita, mas à inaptidão da consciência para a experiência das coisas e para o conhecimento real. A variabilidade encontrada na interpretação do Real não se deve às coisas mesmas, e sim ao estado da consciência de cada indivíduo.

Não deveríamos nos precaver em relação à mente humana falível, enganosa, tendenciosa e destrutiva? Não seria o caso de nos empenharmos com afinco em prol da afirmação insofismável da realidade? Certamente, há meios de se realizar discriminações entre o mundo das aparências e o mundo real ou, em nível fenomênico, verificar se a civilização caminha em direção da construção de um conhecimento confiável. Em primeiro lugar, a ciência é uma das melhores formas instituídas para a dissipação da visão distorcida da realidade e para a iluminação das grandes linhas em que se assenta o mundo real. Por princípio, a ciência parte da independência deste relativamente ao espírito humano e aos modos instrumentais de sua captação, de maneira que os resultados sejam os mais objetivos possíveis. Não somente os resultados comportam verificações, desenvolvimentos e compartilhamentos, como permitem ser compostos, conectados e assimilados em interdisciplinaridade e transdisciplinaridade, testando uma coerência geral, como foi dito. Ainda que sejam sempre relativos, esses resultados asseguram a posse de um conhecimento que, na grande maioria das vezes, reflete os níveis alcançados na descoberta e no aprofundamento da realidade como tal, isto é, das coisas mesmas.

O físico francês Bernard d'Espagnat (1983) chamou de realidade forte aquela realidade que é completamente independente do observador e, qualquer que seja este e quaisquer que sejam os meios empregados, as conclusões objetivas resultam da própria realidade, sendo intrínsecas a ela. Por outro lado, quando o grau de objetividade é fraco, portanto sujeito a enganos e interpretações falsas, d'Espagnat (1983, p. 103) denominou realidade fraca, sendo aquela realidade empírica que "é descrita por meio de conceitos usuais, emprestados da vida corrente, na qual projetamos partes de nós mesmos". Significa que há dois tipos de objetividade: um no sentido forte, outro no sentido fraco, estando este na dependência das estruturas mentais. Entretanto, d'Espagnat tende a considerar como objetividade fraca toda forma de conhecimento que seja independente do método científico. Em seu modelo, quando se trata das estruturas subjetivas, não há distinções a fazer quanto aos graus de objetividade, como se *a priori* essas estruturas já fossem comprometidas por fraca objetividade. Essa é, porém, uma proposição discutível.

No modelo que apresento, se determinadas condições são preenchidas, é possível postular a validade e a forte objetividade da apreensão direta da realidade, feita por via dos processos subjetivos. Para isso, é necessário partir do princípio de que a mente com melhores condições de sintonia e de captação da realidade objetiva é aquela que está menos interferida por distanciamento de contato com o *ser interior*, assim como por sensorialidade, fragilidade e angústia de dissipação do *self*. Se o método científico dispõe de instrumentais de experimentação, métodos, modelos e teorias, o ser humano dispõe, no plano vivencial, da possibilidade de penetração realística dos fatos, que será tanto maior quanto maior for a limpidez e a abertura da mente para o contato com a realidade. Desse ponto de vista, os elementos da realidade, por acolhimento no *self*, podem se iluminar e se tornar conhecimento real, em graus, desde que haja forte presença e ação da não sensorialidade do *ser interior*. Consideram-se, portanto, os níveis de aprofundamento no conhecimento objetivo da realidade, que correspondem aos graus de limpidez e de abertura da mente. Se esta se encontrar em dificuldades para obter a isenção e para livrar-se das interferências (por insuficiência de contato), espera-se, antes, uma objetividade fraca. Todavia, se o *self* se apresentar em condições satisfatórias de apreensão, os níveis de realidade e de objetividade tendem a ser os melhores possíveis.

Coerentemente com tudo o que foi exposto no presente livro, se a mente se tornar límpida, o que existe de fato tende a se manifestar com a menor interferência possível. Um elevado nível de limpidez tem correspondência com um elevado nível de abertura, tornando a mente translúcida para o acolhimento dos fatos. Assim, na mente depurada de saturações sensoriais e de impregnações por fragilidade e angústia, os fatos podem penetrar com menor nível de distorções e até alcançar a condição de máxima visibilidade nos graus avançados da experiência de imaterialidade. A mente que se depura e se acalma entra em regiões de silêncio, em que nenhum pensamento ou emoção estranhos aos fatos vêm perturbá-la e subtraí-la ao mundo real. É nesse sentido que se pode falar de independência da realidade com respeito à mente.

Nunca é demais reafirmar que os resultados vão depender do estado do *self*. Como a realidade pode ser ofuscada, encoberta ou suprimida por um *self* comprometido e em descompasso com o ser da pessoa, muitas vezes o que parece ser realidade não é mais do que ilusão, ficção, engano, falsidade ou mentira. O fator decisivo para a discriminação entre a realidade forte e a realidade fraca – e, portanto, entre a objetividade forte e a objetividade fraca – é a análise do "instrumento de captação", isto é, a análise do *self*. Por esta análise, torna-se possível estabelecer, por um lado, os níveis de distorções incidentes sobre a percepção, a compreensão e a sistematização dos fatos e, por outro lado, conhecer os níveis de contato com a transparência da realidade, refletida sobre um *self* igualmente transparente (no sentido de abertura à experiência, com a diminuição ou a eliminação das interferências e obstruções). De modo geral, confirma-se que, nessas condições de análise, graus elevados de limpidez do *self* tendem a refletir apreensões da realidade fenomênica as mais isentas possíveis, reforçando a convicção de que a interioridade límpida pode se tornar um meio privilegiado, confiável e objetivo de apreensão. A beleza da natureza, antes obliterada por um *self* enviesado, pode ser captada e restabelecida, justamente ao se compreender e lidar com a dinâmica dos processos do *self*, sendo a psicanálise um dos instrumentos disponíveis para isso.

Poder-se-ia objetar ao modo kantiano que tudo passa pela categoria dos conceitos e por outras formas subjetivas da apreensão. A subjetividade determinaria *a priori* a natureza dos fatos, que se estabelece em conformidade com o espírito humano, e não como eles existem realmente. Desse modo, estaríamos sempre dependentes e prisioneiros dos vértices condicionados pelo *self*. A essa objeção contraponho a experiência de que as categorias dadas *a priori* implicam realmente apreensões condicionadas, mas elas não são as únicas existentes. Os conceitos, por exemplo, não dão nascimento às coisas nem as substituem; eles são formas descritivas das coisas. Sendo descrições, é possível, quando as condições o permitem, nos abeirarmos das coisas e captá-las de modo direto e desprovido de conceitos. Se isso acontece, não só inexistem interferências subjetivas nas apreensões, como as coisas se mostram por si mesmas, não sendo alteradas, transformadas ou obliteradas em sua realidade fenomênica pelas formas conceituais de apreensão. Nesse caso, o *self*, em elevado estado de limpidez, oferece condições ímpares de refletir diretamente a realidade, tal como ela se manifesta a um observador humano. Isso vem acrescentar peso às convicções de que a mente condicionada só pode se limitar à realidade fraca, ao passo que a mente aberta à experiência pode se comunicar com a realidade forte.

Considerações semelhantes podem ser feitas em relação a outros condicionantes psíquicos. Ideias, padrões, esquemas, modelos, sistemas e estruturas de pensamento, emoção e ação, sendo tomados como exoesqueletos,[1] determinam a formação e a manutenção de *selves* sensoriais de toda espécie. Estes se erigem em verdades, fomentando no plano coletivo a criação de macroestruturas sensorializadas de tipo econômico, político, religioso, social, educacional e outros. Quando a mente é previamente condicionada, tanto ilusões e mentiras quanto a realidade fraca podem surgir desse cadinho de aparências. Muitas vezes, daqui se constroem a vida social, as relações familiares, o mundo das finanças e dos negócios, a religião organizada, o império das grandes potências geopolíticas, e assim por diante. Ao se apoderar das estruturas cerebrais, esses fatores condicionantes, auxiliados por sua difusão em larga escala, criam e solidificam imensas tramas sensoriais, de forma a compartilhar seus produtos entre os indivíduos como se fossem realidades inquestionáveis. Nessas condições, em vez de estar pronta para discernir e acolher o mundo, a mente condicionada é tomada por moldes e encaixes que recusam a novidade e o não saber. Assim, se a mente não é livre, a hiper-realidade[2] tem um lugar preparado para se manifestar. Considerando-se a análise do *self*, ela não contém nenhum requisito que possa situá-la como realidade propriamente dita. Os indivíduos em questão, condicionados desse modo e saturados por essa sensorialidade, criam um invólucro mediante o qual o mundo se lhes apresenta e se lhes afigura. Então, pode-se dizer que é possível a fabricação de "realidades" por conta da mente.

Entretanto, o princípio de contato com o *ser interior* estabelece que a condição humana, embora vulnerável, não se limita ao *self* atrelado e submetido às interferências da constelação do inimigo

---

1 Segundo o emprego de Bion (1979), para designar os processos mentais fixos e imutáveis.

2 Parafraseando, aqui, o emprego de Baudrillard (1983).

interno e de seus principais efeitos: o enfraquecimento, o esvaziamento, a angústia de dissipação do *self* e a sensorialidade. Por aumento dos graus de contato, a ação da constelação é grandemente contida, resultando em que a fragilidade, a angústia e a sensorialidade patológica deixem de predominar no *self*. Expressa-se no *self*, então, a base não sensorial, tendo por substrato a influência, a presença e a ação do próprio ser. Trata-se de uma situação que introduz o espaço mental aberto a ocorrências que se dão de modo livre, amplo, solto e alargado. Essa base, refletida no *self*, determina experiências libertas, em graus, de enquadramentos prévios, condicionamentos psicológicos e aprisionamentos estruturais, tornando-o um *self* relativamente preparado e disponível para o contato com o mundo real.

Em tais condições, encontra-se no *self* uma grande tendência à harmonia. Havendo considerável diminuição ou supressão de interferências, não há motivos para se acreditar que as experiências não sejam reais. Ao se instalar o estado de abertura, relativamente livre de obstáculos, verifica-se que simultaneamente se dissipam os véus prismáticos e, com eles, as distorções da percepção, da cognição e da compreensão. De instância encobridora, desfiguradora e deturpadora, o *self* torna-se órgão aberto ao acolhimento e à penetração dos fatos, que têm oportunidades de se revelar por si mesmos. A realidade pode, portanto, deixar-se transparecer como é. Não haveria razões para se negar ao ser humano a condição de conhecimento objetivo da realidade, quando essa experiência ruma para sua plenitude.

Se não há natureza humana imutável e definida para sempre, há uma dinâmica interna que pode ser estudada, compreendida e elaborada. Importante, sem dúvida, é o conhecimento dos fatores, elementos e forças que coexistem, se entrelaçam, se misturam, se disputam e se resolvem na interioridade. Reconhecer essa dinâmica e lidar com suas decorrências e implicações fazem descortinar um horizonte pleno de possibilidades para o conhecimento do mundo real.

Na base desses processos, identifica-se um ser no ser humano, cuja existência seria inquestionável se a pós-modernidade não se esforçasse por lhe retirar continuamente a passarela. Como vimos, sendo ele expulso da cena, resta somente um *self* preenchido por produtos desprovidos de condições límpidas e de parâmetros fundamentais para a observação, a depuração, a análise e a síntese dos fatos. Sabemos por constatação empírica – tendo por respaldo o método psicanalítico – que o *ser interior* não se constitui à maneira do *self*. Este é uma instância variável, que comporta múltiplas faces e possibilita distorções na apreensão da realidade, enquanto aquele, ao contrário, sendo não sensorial, direciona-se ao acolhimento e, em graus elevados de expansão de consciência, torna possível a experiência de imaterialidade.

Se a mente não poluída apresenta condições para o contato com a realidade, em graus mais avançados de sintonia ela se prontifica ao alcance dos níveis mais profundos de conhecimento realístico. Então, a própria experiência vem comunicar que não se trata de formas fabricadas pela mente, nem de formas por esta melhoradas, tampouco de projeções, sublimações ou visões, senão simplesmente de contato com a musicalidade que esplende dos fenômenos, quando deles sobressai a realidade imaterial. O fato de haver polissemia em nível fenomênico apenas confirma a natureza inesgotável das propriedades da realidade com que estamos em contato, feita de desconhecido, sonho e mistério, que, no entanto, ao se manifestar, deixa entrever o êxtase em seus sorrisos.

33. O êxtase humano: o ser e a alegria

Temos visto sobejamente que o distanciamento de contato da pessoa com seu próprio ser pode conduzir a afastamentos das relações saudáveis com o mundo, que se torna difícil, estranho, negativo, hostil, tenebroso ou caótico, dependendo das proporções do distanciamento. Quando o afastamento atinge proporções alarmantes, nada faz a pessoa reconhecer no mundo a ordem e a beleza, porque estas só transparecem por suficiente harmonização interna. Está bastante claro que a expansão do contato com o *ser interior* é determinante para a expansão da harmonia interna, que pode se comunicar com a harmonia externa, se esta existir. Havendo uma harmonização geral, a alegria pode brotar do equilíbrio e do bem-estar resultantes da diminuição ou da cessação dos conflitos, turbulências e comprometimentos, que são grandemente superados. Quando a alegria se realiza, a interioridade está em paz e o mundo apresenta-se no vigor das forças construtivas, que o plasmam como um nicho de florescimento da vida. Há, pois, uma ordem a ser alcançada tanto interna quanto externamente, para a experiência saudável da alegria. Ao ser alcançada, revela um sentido estético. O êxtase humano, nesse caso, é um ponto culminante da alegria, que compreende um sentido estético, porque se baseia na harmonia e dá significação ao viver. Faz pensar, sem dúvida, no objeto estético proposto por Meltzer e Williams (1988) como um fator essencial ao desenvolvimento humano e ao relacionamento com a realidade externa.

Se o objeto estético nasce do relacionamento precoce com a mãe ou com quem a substitua, é necessário considerá-lo primeiramente na fase de dependência absoluta do bebê, segundo os termos de Winnicott (1970). Descrevo, aqui, um modelo que tem por sustentação, nos primórdios do desenvolvimento, um encontro bem-estabelecido entre a mãe e o bebê, em que a função fundamental da mãe consiste no reconhecimento de seu bebê justamente como ser. A mãe apresenta uma atitude ativa de reconhecimento centralizado no *ser interior* do bebê, indo em busca de fazer este sentir a existência e a presença desse ser. Mais ainda, a mãe compreende a necessidade que o bebê tem de expressá-lo, para o que ela se torna objeto intermediário e porta-voz. Não somente ela se adapta às necessidades do bebê, como se adianta e intui o que, em sua escuridão inicial quanto à experiência de existência própria, o bebê tenta se comunicar sem praticamente o conseguir. Por intermédio da descoberta dos sentidos das expressões do bebê, feita pela mãe, ele pode experimentar-se como existente e sentir-se reconhecido como ser. Na prática, a mãe é capaz de realizar discriminações nas situações cotidianas em que esse ser pode se manifestar. Por exemplo, ela consegue distinguir se determinada expressão da criança se refere a fome, frio, sede, dor, prazer, interesse, contentamento ou outro tipo de comunicação, seja de incômodo ou de bem-estar. A mãe procura dar indicações discriminativas para a criança, a fim de que esta possa ir formando representações mentais que sirvam para posteriores nomeações. A mãe faz sentir qual é, em cada caso, a sensação que a criança experimenta e, além disso, faz notar que tal sensação é algo da própria criança, e não da mãe. Assim, aquela pode apropriar-se do que lhe pertence, reconhecendo as próprias sensações, ou seja, aquelas sensações que em nível profundo dizem respeito a seu ser. Pode, também, experienciar que há algo proveniente de si mesma, com separação do que provém da mãe. Desse modo, inicia-se o processo de individualização, que consiste inicialmente em discriminações entre o ser da criança e o ser da mãe.[1]

Em condições normais, pode-se pensar em alguns passos nessa situação primária, em que a mãe procura compreender os gestos e as manifestações da criança como necessidades de esta expressar o próprio ser: 1) antes de tudo, a mãe tem experiências de si mesma em autorreconhecimento como ser; 2) a mãe, de posse de si mesma, encontra o ser da criança; 3) a criança, auxiliada pela mãe, reconhece-se como ser em encontros consigo mesma; 4) a criança discrimina-se da mãe no nível das experiências com o próprio ser; 5) a criança discrimina-se do ser da mãe, reconhecendo e encontrando o ser desta; 6) o reconhecimento dos seres, realizado pela criança em duplo sentido (exterior e interior), é vivenciado esteticamente; 7) daqui, a criança tende a se dirigir esteticamente ao encontro do mundo; 8) estabelece-se, para a criança, a significação dos vínculos: primeiro com a mãe, depois com o mundo; 9) a vinculação é experienciada com alegria, por unir os significados da realidade interna e da realidade externa.

Esse modelo, associado às contribuições de Winnicott e de Meltzer, pode ser pensado nos termos de um modelo psicanalítico, tal como tenho apresentado. O analista, no lugar da mãe, tem a função de reconhecimento do ser do paciente, realizando com este os passos que uma mãe atenta e sensível realiza junto a seu bebê. A finalidade inicial consiste em localizar para o paciente seu sentimento de existência própria, a partir do qual tudo se desenvolve na análise. Inclusive a experiência estética e inexprimível de estar

1 Conforme observações de Ana Maria Trapé Trinca, em comunicação informal.

vivo, de que decorrem as noções de ter vida própria e de encontrar sentidos vivos tanto para as relações imediatas quanto para as raízes que se ligam ao Universo como um todo. Nesse caso, a cultura, o ambiente e, de modo geral, o mundo, passam a ser espaços de encontros significativos, uma vez que há discriminação do ser em relação ao Outro, como também a descoberta estética do mundo como um lugar de vida e de acolhimento, oferecendo infinitas oportunidades de escolhas, inserções e realizações.

Caso não haja sucesso da mãe ou do analista em ajudar a estabelecer a primazia do ser no *self*, este passa ao primeiro plano desprovido, em grande parte, da presença de um centro vital organizador e realizador da harmonização. O que mais comumente se verifica é a invasão do *self* pela pulsão de morte, pois o domínio sobre esta fica prejudicado, resultando em dificuldades de controle sobre a violência. Quanto mais afastado estiver o autorreconhecimento como ser, mais as condições adversas à vida tendem a se instalar e a se espalhar, bem como as implicações patológicas já descritas, dentre as quais a destrutividade, o narcisismo, o falso *self*, o alheamento e as diferentes formas de depressão.

Vale insistir que, se as condições ambientais não forem favoráveis (sejam elas maternais, familiares, sociais, culturais, econômicas ou outras), poderão ter efeitos contundentes ou deletérios sobre a aquisição da autonomia individual, cujo princípio elementar é o contato da pessoa com seu próprio ser. No modelo que apresento, a função precípua do ambiente externo, representado de início pela mãe, é proporcionar condições para a realização do contato da pessoa consigo mesma, diferenciando-a do que não a constitui. Em qualquer idade, ela não se constitui simplesmente como reflexo e produto estrutural originário de identificações, introjeções e incorporações ambientais, dos quais ela retiraria, absorveria e instalaria substâncias para compor a existência básica do ser. Ao contrário, em sua natureza essencial, o ser preexiste ao ambiente exterior que se lhe segue, do qual a pessoa obviamente necessita para se desenvolver e para se realizar. Se por inabilidade, desconhecimento ou propósito deliberado, o ambiente inculca no *self* suas substâncias e produtos de modo discrepante da verdade do ser, eles tendem a adquirir relativa autonomia, substituindo e invalidando a ação do *ser interior*. Por vezes, torna-se difícil dissociar esses ingredientes daquilo que a pessoa realmente é ou daquilo que realmente ela seria se não fossem essas modificações.

De modo geral, sabemos que fora do centro de si mesmo impera, para o indivíduo, um mundo interno turbulento que, levado ao plano coletivo, institui um *mundo humano* igualmente turbulento, mas também iníquo, desumano e, por vezes, totalmente violento e insano. Sabemos, da mesma forma, que ao lidar com os conflitos e turbulências, estabelecendo-se ou restabelecendo-se o contato fundamental, torna-se possível encarar o sofrimento humano, onde quer que ele esteja. A transparência mais completa possível do ser no *self* introduz a aspiração à harmonia, que se refere à condição estética, pelo simples fato de esta nascer do acordo do indivíduo consigo próprio. A superação da tragédia humana não está na negação de sua existência, mas no trabalho construtivo de enfrentamento do sofrimento e suas consequências. Ao longo desse caminho, podemos nos deparar com a alegria.

Temos a nosso favor dois fatos básicos: primeiro, é possível obter a harmonia interna, ao se lidar com as condições desfavoráveis; segundo, é igualmente possível perceber a harmonia externa, uma vez que, como vimos, ela pode ser encontrada no mundo. Normalmente, a vivência da alegria consiste numa relação em dupla profundidade, que envolve o contato com o ser e deste com o mundo tendo por base a harmonia. Assim, a alegria não se dissocia inteiramente do objeto estético, cujos fundamentos, segundo Meltzer, estão ancorados no relacionamento primário.

Se a harmonia interna pode encontrar a harmonia externa, é porque aquela, longe de ser uma construção sensorial da mente, se estabelece no espaço livre, amplo e aberto da não sensorialidade, que está pronto a acolher a ordem do mundo, até suas culminâncias imateriais. Nessa situação, a alegria pode se manifestar na vinculação, dado o fato de a vinculação se associar às realizações do ser no mundo. Há não só o endereçamento do ser ao mundo, como também a efetividade da harmonia do mundo para nutrir as realizações do ser. Certamente, essa é uma situação que ocorre em graus, na dependência do estado do *self*. Em graus elevados de limpidez, a magnificência do mundo alarga os significados dos vínculos e proporciona as condições para a alegria.

O êxtase humano está ligado às significações do relacionamento visceral com o mundo, cujos sentidos estão disponíveis para nós. Está em apropriar-se das significações que tem para o ser de cada um aquela parcela da realidade que lhe cabe, é escolhida ou construída por ele. Apropriar-se da significação tem por fundamento o contato com o próprio ser e, daqui, experienciar-se e experienciar o mundo. Passa pelos sentidos de pertencimento, participação e comunhão, sendo experimentados com alegria. O êxtase está na liberdade do ser de cada um, que se realiza em relacionamento profundo e significativo. Como no modelo do vínculo amoroso entre a mãe e a criancinha, experienciamos alegria na descoberta do esplendor inefável do mundo, o que nos dá alento, nos supre e nos vivifica. Para muitos de nós, esse encontro tem os significados da bondade do amor.

Epílogo

Conclusões

Ao se afirmar que o significado das coisas é uma invenção humana, e não uma manifestação do que existe de fato, fica subentendido que o princípio de existência não faz parte das coisas mesmas e, por isso, seu significado não pode ser apreendido. Na verdade, essa é uma atitude que não distingue a coisa-em-si, inapreensível, da observação e compreensão do dado existente em nossa faixa de sintonia. Esta é, sem dúvida, limitada, mas negar objetividade ao que está a nosso alcance é dar por encerrada a possibilidade de conhecimento do que está disponível. No limite, acaba por negar a existência real do ser humano em um Universo real. Entretanto, em vez de uma existência ilusória, o ser humano tem condições plenas de encontrar estabilidade dentro de si mesmo, com base na qual pode obter o conhecimento possível e refletir sobre a sua própria existência no seio de um Universo infinito. O ponto de partida é situar-se como um ser da natureza, cujo espaço interno constitui um referencial elaborado do qual esse ser se apropria para a compreensão e a ação.

Sendo dado tal passo, o ser humano pode descobrir o fulgor da obra da natureza em sua grandeza e majestade, maravilhar-se na penetração dos fenômenos e sentir que toma parte na obra do todo. Descobre, também, que o que há de trivial na natureza pode se tornar igualmente admirável. Cada minúsculo detalhe pode conter feições assombrosas e enigmáticas, cuja revelação traz surpresas e alegrias. A vida multiforme espalha-se aos nossos olhos, e o contato com ela, em sua profundidade, nos encanta e nos vivifica. Não é incomum que se manifeste em um contexto de ternura. Em geral, os seres vivos, quando estão harmoniosos, demonstram contentamento de participar dessa obra, dedicada ao desabrochar da existência. Não há palavras que deem conta de nomear o verdadeiro milagre contido nessa existência diante da qual só nos resta admirar. Um Universo luminoso é reconhecido em seu desvendamento, especialmente quando são reveladas suas culminâncias imateriais. Mesmo perante as grandes desgraças e os cataclismos, as leis gerais continuam válidas e o Universo opera incansavelmente para se refazer, se reconstruir e se aprimorar.

Aqui se coloca a função essencial da organização, que se sublima em harmonia após vencer a desordem e o caos. O eco das coisas longínquas no tempo, assim como a solenidade de toda existência viva, lançam sobre nós uma luz originária do fundo incompreensível da vida. Ela está presente até numa pequena pétala florida ou numa gota iridescente de orvalho que, numa manhã serena de sol, nos enleva e nos enternece. Tudo o que existe exerce um fascínio que desperta nossa alegria e nos convida a participar com a mente alargada desse festival de beleza e devoção, dele retirando o máximo de compreensão, ao penetrarmos sua existência. Nessa dimensão, as coisas fazem sentido como em uma extraordinária sinfonia cujos acordes harmoniosos se unificam no conjunto. Para nós, não se dissociam da bondade da vida que se transmuda em criação, lançando laços imperceptíveis que englobam e dão coesão a tudo. Se, como sabemos, a finalidade última do cosmo é em si mesma inapreensível, não é justamente ele que se mostra em cada partícula do conjunto?

Para o olhar humano, o ápice dessa ordem encontra-se no fenômeno vivo, justamente por causa da vida do ser, que atinge elevadas expressões imateriais. Como a natureza é capaz de obter tamanho refinamento? Se, como notamos, é impensável a sua não existência, é a sua existência que nos impacta. Mais ainda porque nas raízes do ser vivo se acham os vínculos: primeiro, do ser consigo mesmo; depois, com o que lhe é significativo. Assim, eclode um mundo cimentado na vinculação, em cujo centro está o ser. Suas mais lídimas expressões são fecundadas nas fontes profundas da realidade, de onde brotam o assombro, o esplendor e o êxtase. Esse é o Universo em que vivemos, no qual o querer-viver universal, como força de vida, se estabelece pela simpatia da união e da coesão.

Nada é tão simples que dispense a luta contra o sofrimento, a destruição, o aniquilamento e a morte. Justamente em favor da vida, tomada como bem supremo, esse empenho tem sentido e valor. Uma vez bem-sucedido, o contato visceral com a vida permite que ela seja colocada em plano centralizador. Cada ser vivo descobre no mundo suas formas de realização e expansão. A vida do ser em plenitude harmoniza a experiência de existência de que decorre a rejubilação. Verifica-se que alguns animais da natureza são capazes de estar em estado de contemplação, presentes com todo o seu ser. Em condições naturais, quando estão saudáveis, satisfeitos em suas necessidades e livres de ameaças, eles tendem a manifestar a alegria de viver. Desse modo, vida e ser compõem-se em unidade.

Há uma realidade intrínseca ao mundo, que faz dele um campo propício à existência feliz. É possível descobrir o mundo em suas culminâncias imateriais, que despertam os sentidos da beleza e da harmonia, as ligações frutuosas, a absorção na grandeza e na abrangência, a atmosfera de ternura e mistério, envolvendo-nos. Extraímos experiências que traduzem as cintilâncias em que o mundo se apresenta: a graça, a leveza, a propriedade etérea, a infinitude, a totalidade e incontáveis outras fagulhas surpreendentes. A ordem do todo, assim como de suas partes, oferece-se para a significação que, antes de ser nossa, é do próprio mundo. Uma significação que emerge das forças de organização, traduzindo-se como sutileza, refinamento, evanescência, resplandescência e êxtase. Um tesouro gratuito está ao nosso dispor e pode ser obtido em suas culminâncias, tanto quanto em suas partes, para o qual permanece a denominação geral de imaterialidade, se este termo se conservar insaturado.

Vimos em todo este livro que não se trata, para a imaterialidade, de recusa à materialidade, e sim de recusa a fazer desta uma descaracterização, reduzindo-a a simples objetificação. É da materialidade que emerge a imaterialidade, quando esta realmente está presente naquela. A imaterialidade é uma concepção que, desde Heráclito de Éfeso, muitos pensadores, escritores, sábios e artistas formularam ou tentaram formular, ao perceberem que os fenômenos se transmudam sem perder a própria constituição da matéria. Desse modo, a imaterialidade se coloca como um fator central no mundo, podendo oferecer deste uma imagem globalizante.[1] Esse centro de gravidade está contido em cada manifestação particular da imaterialidade que se apresenta diante de nossos olhos.

Nela, o que transparece para nós é a presença dos movimentos vivos, as cores e luzes da natureza, a vastidão dos espaços celestes, as vibrações da infinitude, os sopros de vida nos átimos das imagens espontâneas, a fragrância primaveril dos bosques, o faiscamento e a luminosidade preternatural dos dias ensolarados, os mistérios dos abismos profundos da existência, a expressividade vital dos seres vivos, a evanescência do espaço e do tempo, as névoas de sonhos que recobrem a realidade e infinitamente tudo o que resplandece em vida, beleza, ternura, propriedade etérea e majestade, numa transformação não sensorial de experiência vivida. A espiritualidade fenomênica domina a paisagem, que não prende a mente; ao contrário, deixa-a

1 Sobre esse aspecto, ver: Trinca, 2019.

ir-se em mobilidade. Uma mobilidade que permite a captação da transfiguração da natureza, em sua flutuação e harmonia. Assim, recolhemos por meio da experiência o deslizante perpassar do tempo, do espaço, dos fenômenos passageiros e eternos.

A mente desobstruída de impedimentos sensoriais e de outras interferências abre-se ao acolhimento do fundo monumental das coisas. O que prepondera, então, não são as conjunturas ditadas por angústias, desejos, memórias, apegos, imaginações e evasões, e sim a abertura não sensorial refletida sobre o *self*. A natureza, em especial, mostra suas feições originais, não contaminadas pelas carapaças prismáticas da mente. A leveza imaterial preenche a alma de ligações significativas, vividas de modo livre, leve e solto. Um mundo inocente para olhos inocentes. Através das névoas e da fugacidade, cintilam brilhos tremeluzentes e sussurros profundos. Em silêncio, movimentos vitais propagam-se pela natureza, construindo a obra imperecível do todo. Os significados da vida humana dilatam-se e os relacionamentos amplificam-se. Para isso, o ser humano necessita de tranquilidade e silêncio, a fim de que possa encontrar fora o que, dentro, sua sensibilidade requer. A lei maior parece ser a comunhão amplificada com a natureza, a vida e o Universo, resgatando raízes primordiais. São raízes que não se dissociam dos relacionamentos naturais que dão significação ao viver. Se é possível falar de mudanças, a grande revolução começa pela interioridade e diz respeito aos relacionamentos do ser humano consigo próprio e com o mundo, nos quais são alcançados momentos de inteireza e completude.

O êxtase das coisas corresponde ao assombro que está nelas e pode ser claramente reconhecido, a não ser que seja afastada ou abolida a expressão do ser do ser humano e, por conseguinte, a expressão do ser do mundo. Nesse caso, predomina a ausência de sentido, cessando toda vibração imaterial. O encontro do êxtase é uma conquista realizada sobre as cinzas da destrutividade, do niilismo e da descaracterização do mundo. A retomada começa, em cada um, por explorar o tesouro do próprio ser, para a descoberta do ser das coisas. Infinitas são as coisas que estão em êxtase no Universo, das quais somente podemos ter vislumbres de percepções e compreensões, uma vez que a contemplação permanente não é apanágio dos mortais. Umberto Eco (2004, p. 353) associou o êxtase à visão epifânica em que "as coisas surgem para nós sob nova luz e se apresentam plenas de significado . . . [sendo] a alma das coisas deste mundo". Sem deixar de ser contraditório e enigmático, o mundo é, também, uma estupenda e majestosa obra de arte, que merece a nossa veneração. Compõe-se de tudo o que dele se pode dizer e de tudo o que não pode ser dito. Se há um critério válido para com ele nos relacionarmos é a alegria. O êxtase do mundo que desperta a nossa alegria valida-se por si mesmo como uma dimensão fundamental de existência e um parâmetro universal na ordem das coisas.

Referências

Adler, A. (1961). *A ciência da natureza humana.* (5a ed.). Cia. Ed. Nacional.

Auger, P. (1973, 26 de fevereiro). Science and myth. *The Unesco Courier: a window open on the world*, pp. 4-10. https://unesdoc.unesco.org/ark:/48223/pf0000050640.

Bachelard, E. (1986). *La poétique de la rêverie.* Quadrige.

Baudelaire, C. (1951a). Fusées. In C. Baudelaire. *Oeuvres complètes.* (pp. 1181-1197). Gallimard.

Baudelaire, C. (1951b). Le peintre de la vie moderne. In C. Baudelaire. *Oeuvres complètes.* (pp. 873-912). Gallimard.

Baudrillard, J. (1983). *Simulations.* Semiotext(e).

Bergson, H. (1959). *Évolution créatrice.* (86a ed.). PUF.

Bion, W. R. (1979). *A memoir of the future: the dawn of oblivion.* Clunie Press.

Bion, W. R. (1966). O aprender com a experiência. In W. R. Bion. *Os elementos da psicanálise*. Zahar.

Blake, W. (1988). *As núpcias do céu e do inferno.* Francisco Alves.

Brito, R. F. (1957). *Finalidade do mundo: estudos de filosofia e teleologia naturalista.* (2a ed., Vol. 1). Instituto Nacional do Livro.

Broch, H. (1982). *A morte de Virgílio.* Nova Fronteira.

Campos, C. (1961). *O mundo como realidade.* (2a ed.). Cardal.

Cheng, F. (1996). *L'écriture poétique chinoise. Suivi de une anthologie des poèmes des Tang.* (3a ed.). Seuil.

Chuang Tse. (1959). Trechos escolhidos. In L. Yutang. *A sabedoria da China e da Índia* (Vol. 2). Irmãos Pongetti.

Dehaene, S. (2018). *Apprendre ! Les talents du cerveau, le défi des machines.* Odile Jacob.

Demiéville, P. (Org.). (1986). *Anthologie de la poésie chinoise classique.* (Col. Unesco d'Oeuvres Representatives). Gallimard.

D'Éphèse, H. (1964). Fragments. In *Les penseurs grecs avant Socrate: de Tháles de Milet à Prodicos.* (pp. 74-81). Garnier-Flammarion.

D'Espagnat, B. (1983). *A la recherche du reel: le regard d'un physicien.* (2a ed.). Gauthier-Villars.

Donnet, J. L., & Green, A. (1973). *L'enfant de ça.* Minuit.

Eco, U. (2004). *História da beleza.* Record.

Einstein, A. (1981). *Como vejo o mundo.* (5a ed.). Nova Fronteira.

Emerson, R. W. (2005). *Ensaios.* Martin Claret.

Freud, S. (1996). Recomendações aos médicos que exercem a psicanálise. In S. Freud. *Edição standard brasileira das obras psicológicas completas de Sigmund Freud* (Vol. 12). Imago.

Hadamard, J. (1959). *Essai sur la psychologie de l'invention dans le domaine mathématique.* Albert Blanchard.

Huxley, A. (1965). *A ilha.* (3a ed.). Civilização Brasileira.

Jaeger, W. (1986). *Paideia: a formação do homem grego*. Martins Fontes.

Koffka, K. (1975). *Princípios da psicologia da Gestalt*. Cultrix.

Krishnamurti, J. (1959). *As ilusões da mente*. Instituição Cultural Krishnamurti.

Krishnamurti, J. (1965). *Diálogos sobre a vida*. Cultrix.

Mathieu, R. (2015). *Anthologie de la poésie chinoise*. (Bibliothèque de la Pléiade). Gallimard.

Meltzer, D., & Williams, M. H. (1988). *The apprehension of beauty: the role of aesthetic conflict in development, art and violence*. Clunie Press.

Morin, E. (2017). *Connaissance, ignorance, mystère*. Fayard.

Nietzsche, F. W. (1985). *Assim falava Zaratustra*. Hemus.

Oliva, A. D., Otta, E., Ribeiro, F. L., Bussab, V. S. R., Lopes, F. A., Yamamoto, M. E., & Moura, M. L. S. (2006). Razão, emoção e ação em cena: a mente humana sob um olhar evolucionista. *Psicologia: Teoria e Pesquisa, 22*(1), 53-61. https://www.scielo.br/j/ptp/a/nchFkJBJcMfqGvjtXQXKvfR/?lang=pt

Papaioannou, K. (1983). *La consécration de l'histoire: essais*. Champ Libre.

Pessoa, O. F. (1970). *Biologia na escola secundária*. (4a ed., vol. II). Editora Nacional.

Pontalis, J-B. (1989). Diálogo: Ide–Pontalis [Entrevista concedida à Luiz Eduardo Prado de Oliveira]. *Revista Ide*, (17), 74-83.

Prigogine, I., & Stengers, I. (1984). *A nova aliança: a metamorfose da ciência*. Trad. M. Faria e M. J. M. Trincheira. Ed. UnB.

Protagoras. (1964). Fragments. In *Les penseurs grecs avant Socrate: de Thales de Milet à Prodicos* (p. 204). Garnier-Flammarion.

Racionero, L. (1993). Prologo. *El Paseante, 20*(22), 7-13.

Reeves, H. (1981). *Patience dans l'azur: l'evolution cosmique.* Seuil.

Radier, V. (2019, 14 de março). Eric Karsanti: la vie n'est pas une étincelle miraculeuse. *L'OBS.* https://bibliobs.nouvelobs.com/idees/20190314.OBS1790/eric-karsenti-la-vie-n-est-pas-une-etincelle-miraculeuse.html

Reeves, H. (1982, 11 de abril). Nascimento, vida e morte das galáxias [Entrevista concedida à Sophie Lannes]. *O Estado de São Paulo,* 81.

Schopenhauer, A. (1941). O mundo como vontade e como representação. In: T. Mann. *O pensamento vivo de Schopenhauer.* (P. F. Amaral, Trad., pp. 47-219). Martins.

Shakespeare, W. (s/d). *Sonho de uma noite de verão.* Tecnoprint (Edições de Ouro).

Shelley, P. B. (2009). *Ode ao vento oeste e outros poemas.* (2a ed.). Hedra.

Spinoza, B. (1999). *Éthique.* (Col. Essais). Seuil.

Thibaudet, A. (1923). *Trente ANS de vie française. Le bergsonisme.* (2a ed., Vol. 1). Nouvelle Revue Française.

Thoreau, H. D. (s/d). *Walden.* Tecnoprint.

Trinca, W. (1991). A imaterialidade e o espírito científico. *Anais do Primeiro Seminário Transdisciplinar da Escola de Comunicações e Artes da Universidade de São Paulo* (pp. 143-158). São Paulo.

Trinca, W. (1997). *Fobia e pânico em psicanálise.* Vetor.

Trinca, W. (1999). Momentos felizes da atitude científica. In C. Medina & M. Greco (Orgs.). *Caminhos do saber plural.* (pp. 239-260). ECA-USP.

Trinca, W. (2006a). *A personalidade fóbica: uma aproximação psicanalítica.* (2a ed.). Vetor.

Trinca, W. (2006b). *Psicanálise e transfiguração: a etérea leveza da experiência*. (2a ed.). Vetor.

Trinca, W. (2007). *O ser interior na psicanálise: fundamentos, modelos e processos*. Vetor.

Trinca, W. (2008). *O espaço mental do homem novo*. (2a ed.). Vetor.

Trinca, W. (2011). *Psicanálise compreensiva: uma concepção de conjunto*. Vetor.

Trinca, W. (2014). *Viagem ao coração do mundo: a apreensão da imaterialidade*. Vetor.

Trinca, W. (2016). *As múltiplas faces do self*. Vetor.

Trinca, W. (2019). *Uma imagem do mundo: realidade e imaterialidade*. Blucher.

Weil, S. (1996). A gravidade e a graça. In E. Bosi (Org.). *Simone Weil: a condição operária e outros estudos sobre a opressão*. Paz e Terra.

Winnicott, D. W. (1970). *Processus de maturation chez l'enfant: développment affectif et environnement*. Payot.

Wordsworth, W. (1988). *Poesia selecionada*. Mandacaru.

Créditos bibliográficos

O capítulo "A ordem da natureza e a transdisciplinaridade", correspondente à Parte VI, foi publicado originalmente no livro *Nas trilhas do saber plural: três décadas de interrogantes,* da série Novo Pacto da Ciência, organizado por Cremilda de Araújo Medina, São Paulo: Casa Flutuante, ECA-USP, 2022 (edição impressa) e São Paulo: ECA-USP, 2022 (ebook, pdf). O autor agradece a gentil autorização de republicação do capítulo.

Sobre o autor

WALTER TRINCA obteve da Universidade de São Paulo (USP) os títulos de: graduado em Psicologia, mestre em Psicologia Clínica, doutor em Ciências (Psicologia). É professor livre-docente e professor titular. Em seu percurso, foi docente do Instituto de Psicologia da USP nos cursos de graduação e de pós-graduação, tendo sido coordenador do Programa de Pós-graduação da área de Psicologia Clínica. É especialista em pesquisa, tendo orientado e supervisionado cerca de 100 projetos. Entre os projetos próprios, contribuiu para a metodologia do Diagnóstico Psicológico, da Psicoterapia e da Psicanálise. Foi idealizador do Procedimento de Desenhos-Estórias e do Procedimento de Desenhos de Família com Estórias, que contam hoje com mais de 200 teses e dissertações realizadas a seu respeito ou com seu emprego (www.desenhos-estorias.com). Publicou mais de 130 trabalhos científicos em revistas especializadas, anais de congressos, capítulos de livros e outros. Entre suas publicações encontram-se os livros: *Psicanálise compreensiva: uma concepção de conjunto* (Vetor) [tradução em francês: *Psychanalyse compréhensive: une conception d'ensemble* (L'Harmattan, Paris) e em italiano: *Psicanalisi comprensiva:*

una visione d'insieme (Aracne, Roma)]; *O ser interior na psicanálise: fundamentos, modelos e processos* (Vetor) [tradução em francês: *L'être intérieur dans la psychanalyse : fondements, modèles, processus* (Liber, Montréal), tradução em italiano, *L'essere interiore nella psicanalisi: fondamenti, modelli e processi* (Aracne, Roma)]; *Psicanálise e transfiguração: a etérea leveza da experiência* (Vetor) [tradução em francês: *La légèreté éthérée de l'expérience: psychanalyse et transfiguration* (L'Harmattan, Paris)]; *A arte interior do psicanalista* (Vetor) [tradução em francês: *L'Art intérieur du psychanalyste* (L'Harmattan, Paris)]; *A personalidade fóbica: uma aproximação psicanalítica* (Vetor); *O pensamento clínico em diagnóstico da personalidade* (Vetor); *Investigação clínica da personalidade* (EPU); *O filósofo ou a procura do encanto da vida* (Appris) [tradução em francês: *Le Philosophe ou À la rencontre de l'enchantement de la vie* (Publibook, Paris)]; *Fobia e pânico em psicanálise* (Vetor) [tradução em italiano: *Fobia e panico in psicanalisi* (Aracne, Roma)]; *O espaço mental do homem novo* (Vetor); *Psicanálise e expansão de consciência: apontamentos para o novo milênio* (Vetor); *Quase poesia* (Vetor), *Viagem ao coração do mundo: a apreensão da imaterialidade* (Vetor) [tradução em francês: *Voyage au coeur du monde: l'appréhension de l'immatérialité* (Publibook, Paris)]; *As múltiplas faces do self* (Vetor) [tradução em francês: *Les multiples visages du self* (L'Harmattan, Paris) e em italiano: *Le molteplice facce del self* (Aracne, Roma)]; *Uma imagem do mundo: realidade e imaterialidade* (Blucher) [tradução em francês: *Une image du monde* (Publibook, Paris)]; e *Do niilismo ao amor à vida: ser ou não ser* (Blucher) [tradução em francês: *Du nihilisme à l'amour de la vie: être ou ne pas être* (L'Harmattan, Paris)]. Também organizou os seguintes livros: *Diagnóstico psicológico: a prática clínica* (Vetor); *Formas compreensivas de investigação psicológica* (Vetor); *Formas de investigação clínica em psicologia* (Vetor); *Procedimento de Desenhos-Estórias: formas derivadas, desenvolvimentos e expansões* (Vetor); em italiano, *Indagine psicodinamica della personalità* (Aracne,

Roma) e em francês, *Investigation psychodynamique de la personnalité* (Ed. Mardaga, Bruxelas); *Formas lúdicas de investigação em psicologia* (Vetor) e *A organização do pensamento clínico em psicoterapia* (Vetor). É psicanalista, membro efetivo da Sociedade Brasileira de Psicanálise de São Paulo (SBPSP) e da International Psychoanalytical Association (IPA). Ocupa a Cadeira nº 40 da Academia Paulista de Psicologia. Possui consultório na cidade de São Paulo.

Impressão e Acabamento
Bartiragráfica
(011) 4393-2911